CURRÍCULO, CULTURA E SOCIEDADE

Obra em conformidade ao NOVO ACORDO da Língua Portuguesa

Dados Internacionais de Catalogação na Publicação (CIP)
(Câmara Brasileira do Livro, SP, Brasil)

Currículo, cultura e sociedade / Antonio Flavio Moreira, Tomaz Tadeu, (orgs.). – 12. ed. – São Paulo : Cortez, 2013.

Vários autores.
ISBN 978-85-249-1844-5

1. Currículos 2. Currículos – Aspectos sociais 3. Cultura 4. Sociologia educacional I. Moreira, Antonio Flavio. II. Tadeu, Tomaz.

11-10434 CDD-375.001

Índices para catálogo sistemático:

1. Currículos : Educação 375.001

Antonio Flavio Moreira
Tomaz Tadeu (Orgs.)

CURRÍCULO, CULTURA E SOCIEDADE

12ª edição
7ª reimpressão

CORTEZ EDITORA

CURRÍCULO, CULTURA E SOCIEDADE
Antonio Flavio Barbosa Moreira e Tomaz Tadeu (Orgs.)

Capa: aeroestúdio
Revisão: Marta Almeida de Sá
Tradução: Maria Aparecida Baptista
Composição: Linea Editora Ltda.
Coordenação editorial: Danilo A. Q. Morales

Fontes originais dos artigos traduzidos:
The Politics of Official Knowledge: Does a Nacional Curriculum Make Sense?
Michael W. Apple, San Francisco, abr. 1992
Popular Culture and Critical Pedagogy: Everyday Life as a Basis for Curriculum Knowledge
Henry Giroux & Roger Simon
Teacher Education as a Counterpublic Sphere: Radical Pedagogy
Henry A. Giroux e Peter McLaren

Rua Monte Alegre, 1074 – Perdizes
05014-001 – São Paulo – SP
Tel.: (11) 3864-0111 Fax: (11) 3864-4290
e-mail: cortez@cortezeditora.com.br
www.cortezeditora.com.br

Impresso no Brasil – agosto de 2025

SUMÁRIO

APRESENTAÇÃO À 12ª EDIÇÃO

As teorias do currículo estão empenhadas em responder perguntas concernentes ao conhecimento a ser ensinado aos estudantes e ao tipo de ser humano desejável para um dado tipo de sociedade. O currículo corresponde, assim, tanto a uma questão de conhecimento quanto a uma questão de identidade. Segundo as respostas que apresentem a essas questões, as teorias têm sido classificadas em tradicionais, críticas e pós-críticas.

É a temática do poder que separa as teorias tradicionais das críticas e das pós-críticas. As teorias tradicionais preocupam-se, dominantemente, com a organização do processo curricular, apresentando-se como neutras, científicas, desinteressadas. As teorias críticas, desenvolvidas a partir da década de 1970, constituem uma reação às teorias tradicionais e acentuam que toda teoria está inevitavelmente implicada em relações de poder. Para os autores críticos, as perspectivas tradicionais, ao restringirem-se ao caráter instrumental das decisões curriculares, negligenciam questões fundamentais envolvidas nessas decisões, referentes às razões das escolhas e às suas consequências para os/as alunos/as de nossas escolas. Em outras palavras, as teorias tradicionais ignoram o caráter político das práticas curriculares, deixando, então, de levar em conta o quanto tais práticas contribuem para preservar os privilégios dos estudantes dos grupos socialmente favorecidos, com a consequente manutenção das desigualdades marcantes em nossas sociedades.

As teorizações críticas rejeitam o foco até então central nos processos de planejar, implementar e avaliar currículos, voltando sua atenção para o conhecimento escolar e para os critérios implicados em sua seleção, distribuição, hierarquização, organização e transmissão nas escolas e salas de aula. Buscam entender a quem pertence o conhecimento considerado válido de ser incluído nos currículos, assim como quem ganha e quem perde com as opções feitas. Procuram, também, compreender as resistências a todo esse processo, analisando de que modo seria possível modificá-lo. As relações entre currículo, conhecimento e poder passam, então, a ocupar as atenções dos estudiosos do campo.

Da segunda metade da década de 1990 em diante, as teorias pós-críticas começam a desafiar a hegemonia das teorias críticas, trazendo novas influências, novos problemas e novas temáticas para as discussões sobre currículo. Os textos se transformam e as categorias mais usuais na teorização crítica – poder, ideologia, hegemonia, reprodução, resistência e classe social – começam a ser substituídas por outras: cultura, identidade, subjetividade, raça, gênero, sexualidade, discurso, linguagem. A ênfase no conhecimento escolar desvia-se para a cultura e, como consequência, o objetivo central nas discussões passa a ser a compreensão das relações entre currículo, cultura e poder. As teorizações pós-estruturalistas e pós-modernas dominam as análises, desestruturando uma série de certezas e valores aceitos e difundidos pelos pesquisadores críticos. As teorizações apoiam-se, nos discursos pós-modernos e pós-estruturalistas, nos estudos culturais, pós-coloniais, de meio ambiente, de raça, de gênero e sexualidade, na teoria *queer*. Segundo Pinar e seus colaboradores, os textos de currículo, na década de 1990, afastam-se da perspectiva do desenvolvimento curricular e dirigem-se para o propósito de compreensão do processo curricular, incluindo textos históricos, políticos, raciais, de gênero, fenomenológicos, pós-estruturalistas e pós-modernos, autobiográficos e biográficos, estéticos, teológicos, centrados nas instituições e internacionais. Evidenciam-se, assim, a complexidade e a diversidade que passam a marcar o discurso sobre currículo.

Mais recentemente, o campo do currículo, bastante sensível a novas teorizações, começa a sofrer a influência da filosofia da diferença e da teoria da complexidade. Novas questões e novos problemas emergem e o campo, sempre atento aos desenvolvimentos teóricos em outros campos, amplia seu dinamismo e sua atualidade.

Todo esse movimento, que caracteriza as perspectivas teóricas contemporâneas, já se prenunciava claramente em *Currículo, cultura e sociedade*, quando da publicação de sua primeira edição em 1994. Situando-se no âmbito da teorização crítica, a coletânea incluiu uma introdução à sociologia e teoria crítica do currículo que mostrou o desenvolvimento do campo, focalizando as primeiras tendências, o movimento posterior e a emergência de um enfoque crítico, tanto nos Estados Unidos quanto na Grã-Bretanha. Acentuou-se, nessa introdução, a mudança radical sofrida no discurso sobre currículo em função de novos enfoques, novas fundamentações teóricas e novas questões. Ainda: destacaram-se e analisaram-se três categorias que se mostravam nucleares na teorização crítica que já dominava o campo: ideologia, cultura e poder.

O enfoque adotado na análise das três categorias não seguiu os princípios de uma perspectiva marxista ou neomarxista mais ortodoxa. Ao contrário, percebiam-se nuances em relação a essas categorias que seriam, posteriormente, integradas e desenvolvidas nas teorizações pós-críticas, particularmente no que se refere às noções de poder e cultura. A coletânea, então, revelava o movimento cada vez mais presente no campo e anunciava a importância das fertilizações cruzadas que viriam a se acentuar nas décadas seguintes.

Justifica-se argumentar, portanto, que a presente coletânea, hoje em sua 12ª edição, continua atual e relevante para os estudos de currículo. Duas razões podem ser evocadas para justificar tal ponto de vista. Em primeiro lugar, a obra focaliza uma transformação marcante para o campo do currículo – a emergência da teorização crítica, apresentando essa emergência e incluindo textos de autores centralmente significativos no desenvolvimento do bem-sucedido e novo paradigma – Michael Apple, Henry Giroux, Peter McLaren e Roger Simon. Em segundo lugar, como se destacou, a coletânea traz indícios do movimento em direção ao pós-modernismo e ao pós-estruturalismo, que posteriormente desestabilizaria o campo, como se constata tanto na introdução quanto em textos de alguns dos autores que, logo a seguir, viriam a se identificar, em distintos graus, com as novas teorizações, como Giroux e McLaren.

Por todas essas razões, os organizadores de *Currículo, cultura e sociedade* recebem com satisfação a nova edição e expressam seu contentamento por terem tido a oportunidade de oferecer aos estudiosos do campo do currículo uma coletânea que continua a se mostrar relevante e atual. Que ela continue a estimular novas reflexões e práticas sobre a temática do currículo, tão presente no cenário educacional contemporâneo, é o que se espera.

Os organizadores

CAPÍTULO 1

Sociologia e teoria crítica do currículo: uma introdução

Antonio Flavio Barbosa Moreira
Tomaz Tadeu

O currículo há muito tempo deixou de ser apenas uma área meramente técnica, voltada para questões relativas a procedimentos, técnicas, métodos. Já se pode falar agora em uma tradição crítica do currículo, guiada por questões sociológicas, políticas, epistemológicas. Embora questões relativas ao "como" do currículo continuem importantes, elas só adquirem sentido dentro de uma perspectiva que as considere em sua relação com questões que perguntem pelo "por quê" das formas de organização do conhecimento escolar.

Nessa perspectiva, o currículo é considerado um artefato social e cultural. Isso significa que ele é colocado na moldura mais ampla de suas determinações sociais, de sua história, de sua produção contextual. O currículo não é um elemento inocente e neutro de transmissão desinteressada do conhecimento social. O currículo está implicado em relações de poder, o currículo transmite visões sociais particulares e interessadas, o currículo produz identidades individuais e sociais particulares. O currículo não é um elemento transcendente e atemporal — ele tem uma história, vinculada a formas específicas e contingentes de organização da sociedade e da educação.

Este capítulo constitui uma pequena introdução a essa tradição crítica e sociológica do currículo. Na primeira parte, fazemos uma breve incursão pela história dessa tradição, mostrando sua gênese e seu desenvolvimento. Na segunda parte, destacamos os temas centrais dessa perspectiva hoje. Mais do que uma descrição exaustiva desses temas e questões, essa segunda parte pretende ser apenas uma visão sintética da forma como se estrutura hoje o campo da análise crítica e sociológica do currículo.

I. Emergência e desenvolvimento da sociologia e da teoria crítica do currículo

Focalizamos, nesta parte do presente artigo, a emergência de uma abordagem sociológica e crítica do currículo, tanto nos Estados Unidos, onde o campo se originou e se desenvolveu, como na Inglaterra, onde pela primeira vez se elegeu o currículo como foco central da Sociologia da Educação.

1. As origens do campo nos Estados Unidos

Mesmo antes de se constituir em objeto de estudo de uma especialização do conhecimento pedagógico, o currículo sempre foi alvo da atenção de todos os que buscavam entender e organizar o processo educativo escolar. No entanto, foi somente no final do século XIX e no início deste, nos Estados Unidos, que um significativo número de educadores começou a tratar mais sistematicamente de problemas e questões curriculares, dando início a uma série de estudos e iniciativas que, em curto espaço de tempo, configuraram o surgimento de um novo campo.

Diferentes versões desse surgimento podem ser encontradas na literatura especializada (Cremin, 1975; Seguel, 1966; Franklin, 1974; Pinar; Grumet, 1981). Comum a todas elas, destaca-se, por parte dos superintendentes de sistemas escolares americanos e dos teóricos considerados como precursores do novo campo, a preocupação com os processos de racionalização, sistematização e controle da escola e do currículo. Em outras palavras, o propósito mais amplo desses especialistas parece ter sido planejar "cientificamente" as atividades pedagógicas e controlá-las de modo a evitar que o comportamento e o pensamento do aluno se desviassem de metas e padrões predefinidos.

A fim de melhor entender como tais intenções informaram o desenvolvimento da nova especialização, apresentaremos uma breve descrição do contexto sócio-histórico no qual ela emergiu.

2. O contexto americano na virada do século

Após a Guerra Civil, a economia americana passou a ser dominada pelo capital industrial, sendo o sistema de competição livre então prevalente substituído pelos monopólios. Para a produção em larga escala foi necessário aumentar as instalações e o número de empregados. O processo de produção tornou-se socializado e mais complexo, enquanto os procedimentos administrativos sofisticaram-se e assumiram um cunho "científico".

Uma nova concepção de sociedade, baseada em novas práticas e valores derivados do mundo industrial, começou a ser aceita e difundida. Cooperação e especialização, ao invés de competição, configuraram os núcleos de uma nova ideologia. O sucesso na vida profissional passou a requerer evidências de mérito na trajetória escolar. Ou seja, novas credenciais, além do esforço e da ambição, tornaram-se necessárias para se "chegar ao topo".

A industrialização e a urbanização da sociedade, então em processo, impossibilitaram a preservação do tipo de vida e da homogeneidade da comunidade rural. Além disso, a presença dos imigrantes nas grandes metrópoles, com seus diferentes costumes e condutas, acabou por ameaçar a cultura e os valores da classe média americana, protestante, branca, habitante da cidade pequena. Como consequência, fez-se necessário e urgente consolidar e promover um projeto nacional comum, assim como restaurar a homogeneidade em desaparecimento e ensinar às crianças dos imigrantes as crenças e os comportamentos dignos de serem adotados.

A escola foi, então, vista como capaz de desempenhar papel de relevo no cumprimento de tais funções e facilitar a adaptação das novas gerações às transformações econômicas, sociais e culturais que ocorriam. Na escola, considerou-se o currículo como o instrumento por excelência do controle social que se pretendia estabelecer. Coube, assim, à escola inculcar os valores, as condutas e os hábitos "adequados". Nesse mesmo momento, a preocupação com a educação vocacional fez-se notar, evidenciando o propósito de ajustar a escola às novas necessidades da economia. Viu-se como indispensável, em síntese, organizar o currículo e conferir-lhe características de ordem, racionalidade e eficiência. Daí os esforços de tantos educadores e teóricos e o surgimento de um novo campo de estudos (Moreira, 1992a, 1992b).

3. As primeiras tendências

O campo do currículo tem sido associado, tanto em suas origens como em seu posterior desenvolvimento, às categorias de controle social e eficiência social, consideradas úteis para desvelar os interesses subjacentes à teoria e à prática emergentes. Todavia, não se deve entender o novo campo como monolítico, já que outras intenções e outros interesses podem ser identificados, tanto em suas manifestações iniciais como nos estágios subsequentes.

Segundo Kliebard (1974), duas grandes tendências podem ser observadas nos primeiros estudos e propostas: uma voltada para a elaboração de um currículo que valorizasse os interesses do aluno e outra para a construção científica de um currículo que desenvolvesse os aspectos da personalidade adulta então considerados "desejáveis". A primeira delas é representada pelos trabalhos de Dewey e Kilpatrick, e a segunda, pelo pensamento de Bobbitt. A primeira contribuiu para o desenvolvimento do que no Brasil se chamou de escolanovismo e a segunda constituiu a semente do que aqui se denominou de tecnicismo.

Pode-se dizer que as duas, em seus momentos iniciais, representaram diferentes respostas às transformações sociais, políticas e econômicas por que passava o país e que, ainda que de formas diversas, procuraram adaptar a escola e o currículo à ordem capitalista que se consolidava. As duas tendências, juntamente com vestígios e revalorizações de uma perspectiva mais tradicional de escola e de currículo, dominaram o pensamento curricular dos anos vinte ao final da década de sessenta e início da década seguinte. Alguns autores, como Harold Rugg e Ralph Tyler, procuraram superar os problemas encontrados em ambas e incorporar suas contribuições em sínteses integradoras, nem sempre bem-sucedidas. As mudanças ocorridas nesse período conduziram, ainda que não mecanicamente, a predomínios, conflitos e alianças temporárias, que configuraram, então, as feições dos processos de escolarização e de desenvolvimento curricular (Kliebard, 1986).

4. O desenvolvimento posterior

Como principais marcos no desenvolvimento do campo, do início da década de vinte ao final da de cinquenta, podemos citar: a publicação do 26º Anuário da *National Society for the Study of Education*; a conferência sobre teoria curricular na Universidade de Chicago em 1947; a publicação, em 1949, do livro *Princípios básicos de currículo e ensino*, escrito por Ralph Tyler; e, finalmente, o movimento da estrutura das disciplinas, desenvolvido mais intensamente após o lançamento do Sputnik pelos russos, em 1957.

Aproximando-se o final dos anos cinquenta, os americanos culparam os educadores, principalmente os progressivistas, pelo que julgaram ser sua derrota na corrida espacial. Insistiram, então, na necessidade de se restaurar a supostamente perdida qualidade da escola. A ajuda federal foi solicitada e recursos foram alocados para a reforma dos currículos de Ciências, Matemática, Estudos Sociais etc. Novos programas, materiais, estratégias e propostas de treinamento de professores foram elaborados e implementados. A intenção mais ampla, subjacente aos esforços, era enfatizar a redescoberta, a investigação e o pensamento indutivo, a partir do estudo dos conteúdos que correspondiam às estruturas das diferentes disciplinas curriculares.

A ênfase na estrutura, bastante associada ao nome de Jerome Bruner, levantou críticas (Apple, 1972; Kliebard, 1965) e parece não ter contribuído, de fato, para a revolução pedagógica que se pretendeu desenvolver a partir das propostas e reformas curriculares. Foi, ao menos em parte, neutralizada pelos problemas que desafiaram a sociedade americana nos anos sessenta. Racismo, desemprego, violência urbana, crime, delinquência, condições precárias de moradia para os trabalhadores, bem como o envolvimento dos Estados Unidos na Guerra do Vietnã representaram motivo de vergonha para os que desejavam ver a riqueza americana mais bem distribuída e sonhavam com a concretização de uma sociedade mais democrática, justa e humana. A revolta contra todos esses problemas levou a uma série de protestos e ao questionamento das instituições e dos valores tradicionais.

Um sentimento de crise acabou por instalar-se na sociedade: foi uma crise que chegou a envolver mesmo o significado e o sentido da vida (Silberman, 1973). Desenvolveu-se, como consequência, uma contracultura que enfatizava prazeres sensuais, liberdade sexual, gratificação imediata, naturalismo, uso de drogas, vida comunitária, paz e libertação individual. Inevitavelmente, as instituições educacionais tornaram-se alvos de violentas críticas. Denunciou-se que a escola não promovia ascensão social e que, mesmo para as crianças dos grupos dominantes, era tradicional, opressiva, castradora, violenta e irrelevante. Seria necessário transformá-la e democratizá-la ou então aboli-la e substituí-la por outro tipo de instituição (Moreira, 1989).

Após a vitória de Nixon, uma onda de conservadorismo procurou neutralizar as ideias e os valores "subversivos" dos anos sessenta. A linguagem da eficiência e da produtividade voltou a assumir papel destacado no cenário (Shor, 1986). Nesse momento, o discurso pedagógico resumiu-se às seguintes tendências: ideias tradicionais que defendiam uma escola eficaz, ideias humanistas que pregavam a liberdade na escola e ideias utópicas que sugeriam o fim das escolas. Representando diferentes versões do ideário liberal, nenhuma questionava mais profundamente a sociedade capitalista que se consolidara, nem o papel da escola na preservação dessa sociedade.

Não é difícil compreender por que autores inconformados com as injustiças e as desigualdades sociais, interessados em denunciar o papel da escola e do currículo na reprodução da estrutura social e, ainda, preocupados em construir uma escola e um currículo afinados com os interesses dos grupos oprimidos passaram a buscar apoio em teorias sociais desenvolvidas principalmente na Europa para elaborar e justificar suas reflexões e propostas. Desse modo, o neomarxismo, a teoria crítica da Escola de Frankfurt, as teorias da reprodução, a nova Sociologia da Educação inglesa, a psicanálise, a fenomenologia, o interacionismo simbólico e a etnometodologia começaram a servir de referencial a diversos teóricos preocupados com questões curriculares.

5. A emergência de uma nova tendência

Em 1973, diversos especialistas em currículo participaram de uma conferência na Universidade de Rochester, dando início a uma série de tentativas de reconceituação do campo. A despeito das diferenças entre eles, todos rejeitavam a tendência curricular dominante, criticando seu caráter instrumental, apolítico e ateórico, bem como sua pretensão de considerar o campo do currículo como ciência. Rejeitavam, em outras palavras, as perspectivas behaviorista e empirista que caracterizavam a ciência social americana e a pesquisa em educação (Van Manem, 1978).

Tratava-se de reconceituar o campo. Enfatizando que a compreensão da natureza é mediatizada pela cultura, o grupo concebia reconceituação como o esforço por desvelar a tensão entre natureza e cultura, por descobrir as partes da cultura não guiadas pelas leis da natureza, assim como as partes da natureza que não eram necessariamente obstáculos à ação humana, mas sim produtos do que os homens fizeram e que poderiam, portanto, desfazer. No caso específico do currículo, a intenção central era identificar e ajudar a eliminar os aspectos que contribuíam para restringir a liberdade dos indivíduos e dos diversos grupos sociais (Pinar e Grumet, 1981).

Duas grandes correntes desenvolveram-se a partir da conferência: (a) uma associada às Universidades de Wisconsin e Columbia, mais fundamentada no neomarxismo e na teoria crítica, cujos representantes mais conhecidos no Brasil são Michael Apple e Henry Giroux; e (b) outra associada à tradição humanista e hermenêutica mais presente na Universidade de Ohio, cujo principal representante pode ser considerado William Pinar.

Os reconceitualistas, como se pode observar, não formavam um bloco único. Sérias divergências os separavam. Para os neomarxistas, os humanistas secundarizavam a base social e o caráter contingencial da experiência individual. Estes últimos, por sua vez, acusavam os primeiros de subordinar a experiência humana à estrutura de classes, dela eliminando a especificidade, a inventividade, bem como a capacidade de resistência e de transcendência.

Ao final dos anos setenta novas tendências ajudavam a compor o campo do currículo, favorecendo a análise e a compreensão de outras questões. Não mais se supervalorizavam o planejamento, a implementação e o controle de currículos. Não mais se enfatizavam os objetivos comportamentais. Não mais se incentivava a adoção de procedimentos "científicos" de avaliação. Não mais se considerava a pesquisa educacional quantitativa como o melhor caminho para se produzir conhecimento. Deslocaram-se e renovaram-se, em síntese, os focos e as preocupações.

Dentre os reconceitualistas, foram os autores associados à orientação neomarxista os precursores, nos Estados Unidos, do que se convencionou chamar de Sociologia do Currículo, voltada para o exame das relações entre currículo e estrutura social, currículo e cultura, currículo e poder, currículo e ideologia, currículo e controle social etc. Reitere-se a preocupação maior do novo enfoque: entender a favor de quem o currículo trabalha e como fazê-lo trabalhar a favor dos grupos e classes oprimidos. Para isso, discute-se o que contribui, tanto no currículo formal como no currículo em ação e no currículo oculto, para a reprodução de desigualdades sociais. Identificam-se e valorizam-se, por outro lado, as contradições e as resistências presentes no processo, buscando-se formas de desenvolver seu potencial libertador.

Intenções similares ocuparam a atenção, mais ou menos na mesma ocasião, de sociólogos britânicos que, sob a liderança de Michael Young, se esforçaram por definir novos rumos para a Sociologia da Educação. Enquanto nos Estados Unidos uma análise sociológica do currículo caracterizou os estudos de professores mais ligados a Departamentos de Currículo e Instrução, na Inglaterra foram principalmente os sociólogos do Departamento de Sociologia da Educação do Instituto de Educação da Universidade de Londres que conceberam a Sociologia da Educação como uma sociologia do conhecimento escolar, ou seja, como uma sociologia do currículo. A matriz desses esforços recebeu o nome de Nova Sociologia da Educação (NSE).

6. A emergência da NSE na Inglaterra

Na virada do século, enquanto nos Estados Unidos e na Europa Continental a Sociologia difundia-se com relativa rapidez, na Grã-Bretanha seu desenvolvimento processava-se com bastante lentidão. Mesmo assim, um grupo de acadêmicos, inspirados em sua maioria pela obra de Fréderic Le Play, fundou a *Sociological Society.* Criou também o Instituto de Sociologia e passou a publicar por muitos anos a revista *Sociological Review.* Nessa ocasião, o único centro acadêmico de estudos sociológicos era a *London School of Economics* (LSE).

Durante o período de 1950-1980 novos rumos teóricos e metodológicos transformaram a feição do ensino e da pesquisa de Sociologia na Grã-Bretanha. A base institucional da disciplina ampliou-se, o que facilitou sua expansão na educação secundária e na universidade, apesar da rejeição inicial por parte de alguns renomados centros. Oxford e Cambridge, por exemplo, não ofereceram cursos de Sociologia até 1955 e 1961, respectivamente (Heath e Edmondson, 1981).

O gradual abandono do funcionalismo estrutural, que após a Segunda Guerra Mundial se mostrava incapaz de dar conta tanto do surgimento como da permanência de crises econômicas, sociais e políticas na Grã-Bretanha, incentivou a busca dos novos rumos acima mencionados.

Dentre as novas fontes, destacaram-se a fenomenologia, a etnometodologia, o interacionismo simbólico e um marxismo reelaborado, cujas influências se fizeram sentir tanto nos estudos mais gerais de Sociologia como nas diferentes áreas de especialização (Abrams, Deem, Finch e Rock, 1981).

Principalmente a partir do início da década de sessenta, fortaleceram-se os elos entre as mudanças na Sociologia e a difusão dos movimentos sociais em defesa dos direitos das mulheres, dos negros, dos homossexuais etc. Os sociólogos voltaram-se então para o exame da relação entre conhecimento e ação e para a necessidade de eliminar do trabalho sociológico prevalente seus aspectos patriarcais e sexistas.

No início dos anos setenta assistiu-se ao desaparecimento definitivo do consenso teórico e metodológico antes dominante. Resumidamente, pode-se dizer que de 1950 a 1980 se verificou o crescimento tanto da pesquisa social aplicada como do ensino de uma Sociologia renovada. Ou seja, a Sociologia britânica popularizou-se, expandiu-se e libertou-se, aos poucos, da tutela da Sociologia americana funcionalista.

Quanto à Sociologia da Educação, mais de perto concernente com os propósitos deste artigo, pode-se dizer que até os anos cinquenta apresentou desenvolvimento incipiente, apesar da influência de Marx, Weber e Durkhein nas análises sociológicas da educação (Karabel e Halsey,

1977). Segundo Bernstein (1975), os debates dos anos cinquenta focalizavam tanto a estrutura organizacional da escola como as origens sociais da inteligência e sua relação com o desempenho escolar, tendo como pano de fundo a preocupação simultânea com as necessidades da sociedade industrial e com maior justiça social. A intenção era demonstrar, mais que compreender, as fontes institucionais da desigualdade em educação, o que explica os grandes levantamentos, na metade do século, que evidenciavam o desperdício em educação.

A ênfase no desperdício e nas disfunções ligava-se, complementarmente, à busca de eficiência em educação: desejava-se garantir o aproveitamento de fato dos recursos humanos disponíveis. As estruturas elitistas da educação não mais se justificavam, quer em termos econômicos, quer em termos políticos. A desigualdade em educação era indubitavelmente injusta e ineficiente. Daí a tentativa, por parte dos sociólogos, de interferir, através de seus estudos, na política educacional vigente. Daí, ainda, o foco insistente na relação entre classe social e oportunidade educacional (Young, 1984).

A partir dos anos sessenta, o intenso desenvolvimento da Sociologia da Educação pode ser atribuído aos seguintes fatores: (a) mudanças na formação de professores, cujo curso passou de três para quatro anos, incluindo-se a disciplina em pauta nos conteúdos do ano adicional; (b) criação de cursos de pós-graduação de Sociologia da Educação; (c) oferecimento de cursos da disciplina na *Open University* para professores formados; e (d) concessão de recursos para pesquisas e bolsas para estudos pós-graduados pelo Conselho de Pesquisa em Ciência Social (Young, 1984).

A Sociologia da Educação inscreveu-se, então, no currículo da formação de professores. As novas influências teóricas, que afetaram os rumos da Sociologia Geral, afetaram também a Sociologia da Educação ensinada aos futuros mestres. Uma nova Sociologia da Educação floresceu e estabeleceu como seu principal objeto de estudo o currículo escolar, aproximando-se, assim, da Sociologia do Conhecimento.

A NSE constituiu-se na primeira corrente sociológica de fato voltada para o estudo do currículo. O grande marco de sua emergência tem sido considerado o livro editado por Young, *Knowledge and control: new directions for the sociology of education* (1971), no qual foram reunidos artigos de diversos autores, dentre os quais se destacam os de Basil Bernstein, Nell Keddie, Pierre Bourdieu e Geoffrey Esland e o que se tornou clássico na Sociologia do Currículo, escrito pelo próprio Young, *"An approach to the study of curricula as socially organized knowledge"*.

Tanto os primeiros textos da NSE como seus desdobramentos permanecem até hoje insuficientemente divulgados no Brasil (Silva, 1990). Contudo, ainda que poucas análises dessa abordagem, bem como reduzido número de artigos de Young tenham sido traduzidos e publicados entre nós, foi considerável a influência da NSE no desenvolvimento inicial e nos rumos posteriores da Sociologia do Currículo, tanto na Inglaterra como nos Estados Unidos. Suas formulações têm constituído referência indispensável para todos os que se vêm esforçando por compreender as relações entre os processos de seleção, distribuição, organização e ensino dos conteúdos curriculares e a estrutura de poder do contexto social inclusivo.

II. Uma visão sintética dos temas centrais da análise crítica e sociológica do currículo

O que se pode aprender dessa breve excursão pela história da teoria crítica e da Sociologia do Currículo é que o conhecimento corporificado como currículo educacional não pode ser mais analisado fora de sua constituição social e histórica. Não é mais possível alegar qualquer inocência a respeito do papel constitutivo do conhecimento organizado em forma curricular e transmitido nas instituições educacionais. A Teoria Curricular não pode mais, depois disso, se preocupar apenas com a organização do conhecimento escolar, nem pode encarar de modo ingênuo e não problemático o conhecimento recebido. O currículo existente, isto é, o conhecimento organizado para ser transmitido nas instituições educacionais, passa a ser visto não apenas como implicado na produção de relações assimétricas de poder no interior da escola e da sociedade, mas também como histórica e socialmente contingente. O currículo é uma área contestada, é uma arena política. É para um breve mapeamento das questões e temas que continuam centrais na Teoria Crítica e na Sociologia do Currículo que nos voltamos agora. Organizamos esse mapeamento em torno de três eixos: ideologia, cultura, poder.

1. Currículo e ideologia

Desde o início da teorização crítica em educação, "ideologia" tem sido um dos conceitos centrais a orientar a análise da escolarização, em geral, e a do currículo, em particular. O ensaio de Louis Althusser (1983), "A Ideologia e os Aparelhos Ideológicos de Estado", marca, naturalmente, o início da preocupação com a questão da ideologia em educação. Aquele ensaio rompia com a noção liberal e tradicional da educação como desinteressadamente envolvida com a transmissão de conhecimento e lançava as bases para toda a teorização que se seguiria.

Fundamentalmente, Althusser argumentava que a educação constituiria um dos principais dispositivos através do qual a classe dominante transmitiria suas ideias sobre o mundo social, garantindo assim a reprodução da estrutura social existente. Essas ideias seriam diferencialmente transmitidas, na escola, às crianças das diferentes classes: uma visão de mundo apropriada aos que estavam destinados a dominar, outra, aos que se destinavam às posições sociais subordinadas. Essa transmissão diferencial seria garantida pelo fato de que as crianças das diferentes classes sociais saem da escola em diferentes pontos da carreira escolar: os que saem antes "aprenderiam" as atitudes e valores próprios das classes subalternas, os que fossem até o fim seriam socializados no modo de ver o mundo próprio das classes dominantes. Além disso, Althusser era explícito a respeito dos mecanismos pelos quais essas diferenciadas visões de mundo eram transmitidas. De forma geral, essa transmissão da ideologia estaria centralmente a cargo daquelas matérias escolares mais propícias ao "ensino" de ideias sociais e políticas: História, Educação Moral, Estudos Sociais, mas estariam presentes, também, embora de forma mais sutil, em matérias aparentemente menos sujeitas à contaminação ideológica, como Matemática e Ciências.

Embora tenha sido um marco importante e continue sendo uma referência central na teorização crítica em educação, o ensaio de Althusser e seus pressupostos foram objeto de crítica e refinamento nos anos que se seguiram à sua publicação. Por um lado, houve uma série de contestações conceituais à própria noção de ideologia formulada por Althusser. Por outro, inúmeros estudos empíricos sobre o funcionamento da escola e da sala de aula ajudaram a aumentar consideravelmente a nossa compreensão do papel da ideologia no processo educacional, uma compreensão que nos levou bastante além do esboço de Althusser.

Em primeiro lugar, o refinamento conceitual foi na direção de afastar a ideia de ver a ideologia como falsa consciência ou como um conjunto de ideias falsas sobre a sociedade. É verdade que o ensaio de Althusser não se baseava nessa noção (e sua segunda parte, raramente referida, apresentava, de fato, uma noção extremamente sofisticada de ideologia, ainda não superada), mas o escasso tratamento dado ao conceito na primeira parte do ensaio podia levar a essa compreensão. A compreensão do conceito de ideologia como consciência falsa levava facilmente à sua formulação como uma questão epistemológica centrada na dicotomia falso/verdadeiro que a despia de todas as suas conotações políticas. Naturalmente, é difícil resumir as inúmeras interpretações ligadas ao conceito de ideologia numas poucas proposições, mas certamente uma coisa relativamente clara na literatura educacional é o vínculo que a noção de ideologia tem com poder e interesse.

Essa perspectiva permite que escapemos aos impasses colocados pelo equacionamento de ideologia como conhecimento falso e não ideologia como conhecimento verdadeiro, permitindo também que nos afastemos da noção representacional de conhecimento e linguagem implícita naquele equacionamento. A ideologia, nessa perspectiva, está relacionada às divisões que organizam a sociedade e às relações de poder que sustentam essas divisões. O que caracteriza a ideologia não é a falsidade ou verdade das ideias que veicula, mas o fato de que essas ideias são interessadas, transmitem uma visão do mundo social vinculada aos interesses dos grupos situados, em uma posição de vantagem na organização social. A ideologia é essencial na luta desses grupos pela manutenção das vantagens que lhes advêm dessa posição privilegiada. É muito menos importante saber se as ideias envolvidas na ideologia são falsas ou verdadeiras e muito mais importante saber que vantagens relativas e que relações de poder elas justificam ou legitimam. A pergunta correta não é saber se as ideias veiculadas pela ideologia correspondem à realidade ou não, mas saber a quem beneficiam. Isto nos leva ao segundo ponto conceitual importante.

Ligar o conceito de ideologia a relações de poder e a questões de interesse significa contestar a noção de conhecimento como representação da realidade implícita na perspectiva "epistemológica" de ideologia. Em uma perspectiva alternativa, a linguagem — na qual o conhecimento se expressa — não é tanto um meio transparente e neutro de representação de uma realidade que "existe" independentemente dela, mas um dispositivo ativamente implicado na constituição e definição da realidade. Consequentemente, nessa perspectiva, a ideologia é um dos modos pelos quais a linguagem constitui, produz, o mundo social de uma certa forma. Essa compreensão ajuda a superar o impasse que decorre da aproximação de ideologia a conhecimento falso da realidade e de não ideologia a conhecimento "verdadeiro". Obviamente, isso tem implicações não apenas para uma compreensão modificada do papel da ideologia no currículo, mas também para as próprias noções de conhecimento como representação, que constituem toda a tradição educacional.

Nessa primeira fase da teorização crítica, havia uma tendência a ver o campo ideológico como muito pouco contestado. A ideologia era vista mais como imposição, a partir de cima, de certas ideias sobre a sociedade e o mundo. Um refinamento dessa visão amplia-se em pelo menos três dimensões. Em primeiro lugar, a ideologia dificilmente teria efeitos se não contasse com alguma forma de consentimento dos envolvidos, isto é, a ideologia não é totalmente elaborada a partir de cima, com materiais "originais", mas se aproveita de materiais preexistentes na cultura e na sociedade, em geral pertencentes ao domínio do senso comum. Em segundo lugar, a ideologia não é um tecido uniforme, homogêneo e coerente de ideias, uma construção logicamente consistente. Em vez disso, ela é feita de fragmentos, de materiais de diferentes naturezas, de diferentes espécies de "conhecimentos". Por último, a ideologia não age sem resistências por parte daqueles aos quais é dirigida. A ideologia é interpretada de formas diferentes daquelas intencionadas, e dentre essas formas — embora não todas — algumas constituem uma resistência e uma luta efetivas contra a ideologia. Nesse contexto, foi extremamente importante o desenvolvimento do conceito de hegemonia, a partir do pensamento de Antonio Gramsci, que chama a atenção exatamente para o aspecto contestado do terreno ideológico.

Em terceiro lugar, nesse processo de refinamento do conceito, os mecanismos de transmissão foram sendo vistos como muito mais sutis. No campo educacional, por exemplo, tendia-se a ver a ideologia como "cristalinamente" transmitida por meios como os livros didáticos e pelas aulas dadas pelos professores. Nessa compreensão, a ideologia corporificava-se predominantemente em ideias. Em contraposição, passou-se cada vez mais a se ver a ideologia como envolvida em práticas materiais — uma ideia que se deve ao próprio Althusser. A ideologia perde aqui sua conotação idealista, para ser vista como tendo existência material. Ela está implícita em rituais, práticas, dispositivos materiais como arranjos espaciais etc., isso para não falar da própria materialidade dos signos e da linguagem.

Estamos longe de ter esgotado o potencial analítico e político do conceito de ideologia, assim como de ter esgotado a compreensão que dele podemos ter. Ele continua a ser central na teorização educacional crítica e, sobretudo, na teorização crítica sobre currículo. Ainda temos muito a compreender e aprender sobre as formas pelas quais o conhecimento transmutado em currículo escolar atua para produzir identidades individuais e sociais no interior das instituições educacionais. A ideologia certamente está no centro desse processo. Nesse sentido, falar de currículo implica necessariamente levantar a questão da ideologia.

2. Currículo e cultura

Se ideologia e currículo não podem ser vistos separados na teorização educacional crítica, cultura e currículo constituem um par inseparável já na teoria educacional tradicional. Nessa visão, que é a educação e, em particular, o currículo, senão uma forma institucionalizada de transmitir a cultura de uma sociedade?

A teorização crítica, de certa forma, continua essa tradição. A educação e o currículo são vistos como profundamente envolvidos com o processo cultural. Entretanto, há diferenças importantes a serem enfatizadas. De forma geral, a educação e o currículo estão, sim, envolvidos com esse processo, mas ele é visto, ao contrário do pensamento convencional, como fundamentalmente político.

Na tradição crítica, a cultura não é vista como um conjunto inerte e estático de valores e conhecimentos a serem transmitidos de forma não problemática a uma nova geração, nem ela existe de forma unitária e homogênea. Em vez disso, o currículo e a educação estão profundamente envolvidos em uma política cultural, o que significa que são tanto campos de produção ativa de cultura quanto campos contestados.

Em contraste com o pensamento convencional sobre a relação entre currículo e cultura, a tradição crítica vê o currículo como terreno de produção e criação simbólica, cultural. A educação e o currículo não atuam, nessa visão, apenas como correias transmissoras de uma cultura produzida em um outro local, por outros agentes, mas são partes integrantes e ativas de um processo de produção e criação de sentidos, de significações, de sujeitos. O currículo pode ser movimentado por intenções oficiais de transmissão de uma cultura oficial, mas o resultado nunca será o intencionado porque, precisamente, essa transmissão se dá em um contexto *cultural* de significação ativa dos materiais recebidos. A cultura e o cultural, nesse sentido, não estão tanto naquilo que se transmite quanto naquilo que se *faz* com o que se transmite.

Obviamente, a visão tradicional da relação entre cultura e educação/currículo não vê o campo cultural como um terreno contestado. Na concepção crítica, não existe *uma* cultura da sociedade, unitária, homogênea e universalmente aceita e praticada e, por isso, digna de ser transmitida às futuras gerações através do currículo. Em vez disso, a cultura é vista menos como uma coisa e mais como um campo e terreno de luta. Nessa visão, a cultura é o terreno em que se enfrentam diferentes e conflitantes concepções de vida social, é aquilo pelo qual se luta e não aquilo que recebemos.

Assim, nessa perspectiva, a ideia de cultura é inseparável da de grupos e classes sociais. Em uma sociedade dividida, a cultura é o terreno por excelência onde se dá a luta pela manutenção ou superação das divisões sociais. O currículo educacional, por sua vez, é o terreno privilegiado de manifestação desse conflito. O currículo, então, não é visto, tal como na visão tradicional, como um local de transmissão de uma cultura incontestada e unitária, mas como um campo em que se tentará impor tanto a definição particular de cultura da classe ou grupo dominante quanto o conteúdo dessa cultura (Bourdieu, 1979). Aquilo que na visão tradicional é visto como o processo de continuidade cultural da sociedade como um todo, é visto aqui como processo de reprodução cultural e social das divisões dessa sociedade.

Essa perspectiva da cultura como um campo contestado e ativo tem implicações importantes para a teoria curricular crítica. Se combinamos essa visão com aquela que questiona a linguagem e o conhecimento como representação e reflexo da "realidade", somos obrigados a rejeitar a visão convencional, do currículo que o vê como um veículo de transmissão do conhecimento como uma "coisa", como um conjunto de informações e materiais inertes. Nesse entendimento, o currículo não é o veículo de algo a ser transmitido e passivamente absorvido, mas o terreno em que ativamente se criará e produzirá cultura. O currículo é, assim, um terreno de produção e de política cultural, no qual os materiais existentes funcionam como matéria-prima de criação, recriação e, sobretudo, de contestação e transgressão.

3. Currículo e poder

Se existe uma noção central à teorização educacional e curricular crítica é a de poder. É a visão de que a educação e o currículo estão profundamente implicados em relações de poder que dá à teorização educacional crítica seu caráter fundamentalmente político. Isso não quer dizer que a conceituação daquilo que constitui o poder, no contexto da educação e do currículo, seja uma questão facilmente resolvida.

Para não entrar em longas e intermináveis discussões conceituais sobre o poder, é suficiente afirmar aqui que o poder se manifesta em relações de poder, isto é, em relações sociais em que certos indivíduos ou grupos estão submetidos à vontade e ao arbítrio de outros. Na visão crítica, o poder se manifesta através das linhas divisórias que separam os diferentes grupos sociais em termos de classe, etnia, gênero etc. Essas divisões constituem tanto a origem quanto o resultado de relações de poder.

É nessa perspectiva que o currículo está centralmente envolvido em relações de poder. Como vimos acima, quando discutimos os conceitos de ideologia e cultura, o conhecimento corporificado no currículo é tanto o resultado de relações de poder quanto seu constituidor. Por um lado, o currículo, enquanto definição "oficial" daquilo que conta como conhecimento válido e importante, expressa os interesses dos grupos e classes colocados em vantagem em relações de poder. Desta forma, o currículo é expressão das relações sociais de poder. Por outro lado, apesar de seu aspecto contestado, o currículo, ao expressar essas relações de poder, ao se apresentar, no seu aspecto "oficial", como representação dos interesses do poder, constitui identidades individuais e sociais que ajudam a reforçar as relações de poder existentes, fazendo com que os grupos subjugados continuem subjugados. O currículo está, assim, no centro de relações de poder. Seu aspecto contestado não é demonstração de que o poder não existe, mas apenas de que o poder não se realiza exatamente conforme suas intenções.

Reconhecer que o currículo está atravessado por relações de poder não significa ter identificado essas relações. Grande parte da tarefa da análise educacional crítica consiste precisamente em efetuar essa identificação. É exatamente porque o poder não se manifesta de forma tão cristalina e identificável que essa análise é importante. No caso do currículo, cabe perguntar: que forças fazem com que o currículo oficial seja hegemônico e que forças fazem com que esse currículo aja para produzir identidades sociais que ajudam a prolongar as relações de poder existentes? Essas forças vão desde o poder dos grupos e das classes dominantes corporificado no Estado — uma fonte central de poder em uma educação estatalmente controlada — quanto nos inúmeros atos cotidianos nas escolas e salas de aula que são expressões sutis e complexas de importantes relações de poder. Nesse sentido, é importante não identificar o poder simplesmente com pessoas ou atos legais, o que poderia levar a negligenciar as relações de poder inscritas nas rotinas e rituais institucionais cotidianos.

Isso transforma a tarefa da teorização curricular crítica em um esforço contínuo de identificação e análise das relações de poder envolvidas na educação e no currículo. Quais são as relações de classe, etnia, gênero, que fazem com que o currículo seja o que é e que produza os efeitos que produz? Qual o papel dos elementos da dinâmica educacional e curricular envolvidos nesse processo? Qual é o nosso papel, como trabalhadores culturais da educação, nesse processo? Saber que o poder não é apenas um mal, nem tem uma fonte facilmente identificável, torna, evidentemente, essa tarefa mais difícil, mas talvez menos frustrante, na medida em que sabemos que o objetivo não é remover o poder de uma vez por todas, mas combatê-lo, sempre. Essa luta levará não a uma situação de não poder, mas a relações de poder transformadas. O currículo, como campo cultural, como campo de construção e produção de significações e sentido, torna-se, assim, um terreno central dessa luta de transformação das relações de poder.

4. Outros temas e questões: os antigos e os emergentes

Ideologia, cultura e poder, em suas relações com o currículo, são assim conceitos centrais e que sintetizam as preocupações e problemáticas da teorização educacional crítica. Entretanto, há outras questões e outros temas importantes que ampliam e estendem o alcance desses conceitos. Mencionamos, a seguir, apenas alguns dentre muitos que mereceriam ser considerados.

Um desses conceitos é o de currículo oculto. Esse conceito, criado para se referir àqueles aspectos da experiência educacional não explicitados no currículo oficial, formal, tem sido central na teorização curricular crítica. Apesar de certa banalização decorrente de sua utilização frequente e fácil, ele continua importante na tarefa de compreender o papel do currículo na produção de determinados tipos de personalidade. Entretanto, ao atribuir a força e o centro desse processo àquelas experiências e àqueles "objetivos" não explícitos, o conceito também contribuiu para, de certa forma, "absolver" o currículo oficial e formal de sua responsabilidade na formação de sujeitos sociais. É necessário reintegrar o currículo oficial à análise do papel do currículo na produção e reprodução cultural e social, ao lado, evidentemente, do currículo oculto.

É central a essa tarefa de investigação do currículo oficial uma perspectiva que tenha um foco histórico. A contingência e a historicidade dos presentes arranjos curriculares só serão postas em relevo por uma análise que flagre os momentos históricos em que esses arranjos foram concebidos e tornaram-se "naturais". Desnaturalizar e historicizar o currículo existente é um passo importante na tarefa política de estabelecer objetivos alternativos e arranjos curriculares que sejam transgressivos da ordem curricular existente. É por isso que uma história do currículo deve ser parte integrante de uma Teoria Crítica do Currículo dedicada à construção de ordens curriculares alternativas.

A história do currículo tem sido importante na tarefa de questionar a presente ordem curricular em um de seus pontos centrais: a disciplinaridade. Apesar de todas as transformações importantes ocorridas na natureza e na extensão da produção do conhecimento, o currículo continua fundamentalmente centrado em disciplinas tradicionais. Essa disciplinaridade constitui, talvez, o núcleo que primeiro deva ser atacado em uma estratégia de desconstrução da organização curricular existente. Tem-se veiculado, com insistência, nesse contexto, o papel da chamada "interdisciplinaridade". Apesar de sua aparência transgressiva, é preciso reconhecer que o movimento da interdisciplinaridade supõe a disciplinaridade, deixando, assim, intacto exatamente o fundamento da presente estrutura curricular. Seria necessário, talvez, um movimento mais radical para minar com mais profundidade essa estrutura. Seria central a esse movimento reconhecer a disciplinaridade da presente estrutura curricular não como a tradução lógica e racional de campos de conhecimento, mas como a inscrição e recontextualização desses campos em um contexto em que processos de regulação moral e controle tornam-se centrais.

Não é apenas a estrutura disciplinar do currículo que parece constituir um daqueles elementos tão "naturais" a ponto de ser inatacável. As noções de conhecimento, características das experiências curriculares presentemente propostas aos/às estudantes estão, também, em mais de uma dimensão, em descompasso com as modificações sociais, com as profundas transformações na natureza e extensão do conhecimento e também nas formas de concebê-lo. Em primeiro lugar, o currículo escolar tem ficado indiferente às formas pelas quais a "cultura popular" (televisão, música, videogames, revistas) têm constituído uma parte central e importante da vida das crianças e jovens. Apesar do profundo envolvimento implicado nas economias do afeto e do desejo utilizadas pela "cultura popular", o currículo tem ficado solenemente indiferente a esse processo. Embora pouco saibamos sobre como essa situação pode ser modificada, podemos esperar que essa questão logo se torne uma das mais importantes no âmbito da teorização educacional crítica. Para isso é necessário que os analistas críticos se tornem menos "escolares" e mais "culturais".

Em segundo lugar, as novas tecnologias e a informática ilustram as profundas transformações que se estão dando na esfera da produção do conhecimento técnico/administrativo, transformações que têm implicações tanto para o "conteúdo" do conhecimento quanto para sua forma de transmissão. Não incorporar uma compreensão dessas transformações à nossa teorização curricular crítica significará entregar a direção de sua incorporação à educação e ao currículo nas mãos de forças que as utilizarão fundamentalmente para seus objetivos mercadológicos e de preparação de uma mão de obra adequada aos fins de acumulação e legitimação. A teoria educacional crítica não pode ficar indiferente a esse processo, nem tampouco pode rejeitá-lo em nome de um certo humanismo antitecnicista. Em vez disso, é importante compreendê-lo e encontrar formas de utilizá-lo de uma forma que seja compatível com nossos objetivos de democracia, igualdade e justiça social.

As profundas relações entre currículo e produção de identidades sociais e individuais, tantas vezes destacadas na teorização crítica, têm levado os educadores e educadoras engajados nessa tradição, a formular projetos educacionais e curriculares que se contraponham às características que fazem com que o currículo e a escola reforcem as desigualdades da presente estrutura social. Nesse contexto, tem havido uma certa tendência a vincular currículo e construção da cidadania e do cidadão. Embora esse movimento tenha raízes genuinamente democráticas, ele pode também ser regressivo na medida em que não esteja atento para flagrar, no seu próprio desejo de formação de um tipo de identidade, sutis mecanismos de controle e poder. Qualquer projeto que esteja disposto a contestar e a identificar suas próprias condições de produção e suas bases de poder poderá fugir às tendências que supostamente quer criticar, arriscando, assim, apenas a substituir uma forma de governo — dos indivíduos e da população — por outra. A história da educação institucionalizada mostra que o objetivo de produzir (novos) cidadãos acabou sempre implicado em novas e talvez mais sutis formas de regulação e padrões de controle e governo (Popkewitz, 1994, p. 9).

Finalmente, tem havido importantes modificações nas formas de conceber o conhecimento e a linguagem, com profundas implicações para a teorização sobre o currículo. Na visão que está ligada às nossas concepções convencionais de currículo, o conhecimento e a linguagem são vistos como representação e reflexo da realidade e se fundamentam em um modelo racionalista e humanista do sujeito e da consciência. O chamado movimento pós-modernista e a denominada "virada linguística" vêm colocar em xeque essas concepções que constituem o núcleo mesmo de nossas noções de educação e currículo. A contestação pós-moderna coloca em questão o papel das "grandes narrativas" e da noção de razão e racionalidade que têm sido centrais ao projeto cognitivo moderno e, derivadamente, àquilo que entendemos como conhecimento educacional (currículo). Ao mesmo tempo, a "virada linguística" descentra o sujeito soberano, autônomo, racional, unitário, sobre o qual se baseia nossa compreensão convencional do conhecimento e da linguagem e, naturalmente, da educação e do currículo. Nessa visão, é a linguagem, o discurso e o texto que ganham importância central. Isso tem que ter consequências profundas e importantes não apenas para a forma como analisamos o currículo, mas também para a forma como vamos organizá-lo. São essas consequências que ainda não têm sido suficientemente exploradas, mas que devem ganhar crescentemente mais atenção.

Como se vê, a teorização crítica sobre currículo, da qual a Sociologia do Currículo é um importante elemento, é um processo contínuo de análise e reformulação. A Teoria Crítica do Currículo é um movimento de constante problematização e questionamento. Nesse processo, novas questões e temas vêm-se incorporar àqueles que, desde o seu início, estiveram no centro de sua preocupação. É isso que constitui sua vitalidade e seu potencial. Esta é uma história que evidentemente ainda não terminou. Na verdade, talvez esteja apenas começando.

Referências bibliográficas

ABRAMS, P.; DEEM, R.; FINCH, J.; ROCK, P. (Eds.). *Practice and progress*: British sociology 1950-1980. Londres: George Allen & Unwin, 1981.

ALTHUSSER, L. *Aparelhos ideológicos de Estado.* Rio de Janeiro: Graal, 1983.

APPLE, M. W. Community, knowledge and the structure of disciplines. *The Educational Forum*, v. XXXVII, n. 1, p. 75-82, 1972.

BERNSTEIN, B. Sociology and the sociology of education: a brief account. In: REX, J. (Ed.). *Approaches to sociology*: an introduction to major trends in British Sociology. Londres: RKP, 1975.

BOURDIEU, P. *La distinction*: critique socialie du jugement. Paris: Minuit, 1979.

CREMIN, L. Curriculum making in the United States. In: PINAR, W. (Ed.). *Curriculum theorizing*: the reconceptualists. Berkeley: McCutchan, 1975.

FRANKLIN, B. M. *The curriculum field and the problem of social control, 1918-1938*: a study in critical theory. Tese (Doutorado) — University of Wisconsin, Wisconsin, 1974.

HEATH, A.; EDMONDSON, R. Oxbridge Sociology: the development of centres of excellence? In: ABRAMS, P.; DEEM, R.; FINCH, J.; ROCK, P. (Eds.) *Practice and progress*: British sociology 1950-1980. Londres: George Allen & Unwin, 1981.

KARABEL, J.; HALSEY, A. H. *Power and ideology in education.* Nova York: Oxford University Press, 1977.

KLIEBARD, H. M. Structure of the disciplines as an educational slogan. *Teachers College Record*, v. 66, n. 7, p. 598-603, 1965.

______. The development of certain key curriculum issues in the United States. In: TAYLOR, P. H.; JOHNSON, M. (Eds.). *Curriculum development*: a comparative study. Windsor: NFR, 1974.

______. *The struggle for the American curriculum*: 1893-1958. Londres: RKP, 1986.

______. MOREIRA, A. F. B. A contribuição de Michael Apple para o desenvolvimento de uma teoria curricular crítica no Brasil. *Fórum Educacional*, v. 13, n. 4, p. 17-30, 1989.

______. Currículo e controle social. *Teoria e Educação*, n. 5, p. 13-27, 1992a.

______. *O currículo como campo de estudos*: origens e desenvolvimento nos Estados Unidos. Palestra proferida no Curso de Atualização em Pedagogia. Universidade do Estado de Minas Gerais, Belo Horizonte, 1992b.

PINAR, W.; GRUMET, M. Theory and practice and the reconceptualisation of curriculum studies. In: LAWN, M.; BARTON, L. (Eds.) *Rethinking curriculum studies*: a radical approach. Londres: Croom Helm, 1981.

POPKEWITZ, T. Professionalization in teaching and teacher education: some notes on its history, ideology, and potential. *Teaching & Teacher Education*, v. 10, n. 1, p.1-14, 1994.

SEGUEL, M. L. *The curriculum field*: its formative years. Nova York: Teachers College Press, 1966.

SHOR, I. *Culture wars*: school and society in the conservative restauration. Londres: RKP, 1986.

SILBERMAN, C. *Crisis in the classroom*: the remaking of American education. Londres: Wildwood House, 1973.

SILVA, T. T. Currículo, conhecimento e democracia. *Cadernos de Pesquisa*, n. 73, p. 59-66, 1990.

VAN MANEN, M. Reconceptionalist curriculum thought: a review of recent literature. *Curriculum Inquiry*, v. 8, n. 4, p. 365-375, 1978.

YOUNG, M. F. D. *Knowledge and control*: new directions for the sociology of education. Londres: Collier Macmillan, 1971.

______. *Towards a critical sociologogy of education*. Conferência proferida no seminário internacional de sociologia. Pontifícia Universidade Católica, Rio de Janeiro, 1984.

CAPÍTULO 2

Repensando ideologia e currículo*

Michael W. Apple

Spencer não estava errado quando lembrou aos educadores que uma das perguntas mais fundamentais que nos deveríamos fazer sobre o processo de escolarização é: "Que tipo de conhecimento vale mais?". Embora pareça, a pergunta não é nada simples, pois os conflitos acerca do que deve ser ensinado são agudos e profundos. Não se trata "apenas" de uma questão educacional, mas de uma questão intrinsecamente ideológica e política. Quer reconheçamos ou não, o currículo e as questões educacionais mais genéricas sempre estiveram atrelados à história dos conflitos de classe, raça, sexo e religião, tanto nos Estados Unidos quanto em outros países.

* A obra *Ideologia e currículo* foi publicada no Brasil em 1982 pela Editora Brasiliense. Existe a 3ª edição (2006) publicada pela Artmed.

Por essa razão, uma maneira mais precisa de formular a pergunta, de forma a ressaltar a natureza profundamente política do debate educacional, seria: "O conhecimento de quem vale mais?". Que essa não é simplesmente uma questão acadêmica fica bastante claro ao se notar que os ataques da direita às escolas, o clamor pela censura e as controvérsias acerca dos valores que estão e que não estão sendo ensinados, acabaram por transformar o currículo em uma espécie de bola de futebol política. Quando a isso se acrescenta a imensa pressão, exercida sobre o sistema educacional em muitos países, para que as metas das empresas e das indústrias se tornem os objetivos principais, senão os únicos objetivos da formação escolar, então a questão ganha ainda maior relevância.

Os educadores vêm testemunhando um colossal esforço — que não se tem mostrado exatamente malsucedido — de exportação, para as escolas, da crise econômica e de relações de autoridade que afeta as práticas e políticas de grupos dominantes. Se as escolas, seus professores e seus currículos fossem mais rigidamente controlados, mais estreitamente vinculados às necessidades das empresas e das indústrias, mais tecnicamente orientados e mais fundamentados nos valores tradicionais e nas normas e regulamentos dos locais de trabalho, então os problemas de aproveitamento escolar, de desemprego, de competitividade econômica internacional, de deterioração das áreas centrais das grandes cidades etc. desapareceriam quase que por completo, assim querem-nos convencer.[1] Previ um rápido recrudescimento dessas tendências conservadoras quando escrevi *Ideologia e currículo*. Mas, embora qualquer autor ou autora goste de ver confirmadas suas previsões, não é com nenhuma alegria que constato tal fato, pois a restauração conservadora que está por trás dele vem exercendo trágicos efeitos sobre muitas pessoas, não só nos Estados Unidos, como em outros países também.

Algo que essas alterações e tendências ajudam muito a esclarecer, entretanto, é o fato de que discutir sobre o que acontece, o que pode acontecer e o que deveria acontecer em salas de aula não é o mesmo que conversar sobre o tempo. Essas discussões são fundamentalmente sobre as esperanças, os sonhos, os temores e as realidades — sobre as próprias vidas — de milhões de crianças, pais e professores. Se essa tarefa não merecer a aplicação de nossos melhores esforços — intelectuais e práticos — nenhuma outra merecerá.

Para mim, na qualidade de ativista político, ex-professor de primeiro e segundo graus e ex-presidente de uma associação de professores, tais esforços vieram a concentrar-se cada vez mais na natureza política do currículo, do ensino e da educação em geral. *Ideologia e currículo* representou uma das primeiras grandes sínteses dessas questões políticas. Pareceu-me, ao escrever o livro originalmente — e agora estou ainda mais convencido disso — que, enquanto não levarmos a sério a intensidade do envolvimento da educação com o mundo real das alternantes e desiguais relações de poder, estaremos vivendo em um mundo divorciado da realidade. As teorias, diretrizes e práticas envolvidas na educação não são técnicas. São intrinsecamente éticas e políticas, e em última análise envolvem — uma vez que assim se reconheça — escolhas profundamente pessoais em relação ao que Marcus Raskin denomina "o bem comum".[2]

Preocupar-se com questões de poder — em meu caso, com a forma como as distinções de classe social, raça e sexo penetram nas escolas controlando professores e alunos e imiscuem-se no conteúdo e na organização do currículo — é assumir o peso da responsabilidade dos muitos homens e mulheres que ajudaram a formar aqueles de nós que trabalham por uma sociedade mais democratizada. Embora acreditasse que era essencial politizarmos esses temas em grau muito maior do que havia sido feito no passado, as questões que levantei em *Ideologia e currículo* têm origem em uma tradição de longa data — nas tentativas que fizeram Dewey e Count de definir uma educação democrática; em momentos passados de reforma democrática do currículo e nos esforços para transmitir, nas escolas, "o conhecimento de todos nós", em vez de somente o conhecimento da elite;[3] na eloquente insistência de Huebner de que não podemos expurgar do debate do currículo o pessoal, o ético e o político; nos convincentes argumentos de Greene a favor de nossa "contextualidade existencial" como educadores. Precisamos escolher e precisamos agir. Realmente não há outra alternativa.[4]

Evidentemente, nunca agimos no vácuo. A própria percepção de que a educação está profundamente implicada na política da cultura deixa isso claro. Afinal, à decisão de se definir o conhecimento de alguns grupos como digno de ser transmitido às gerações futuras, enquanto a história e a cultura de outros grupos mal veem a luz do dia, revela algo extremamente importante acerca de quem detém o poder na sociedade. Considerem-se aqueles textos de estudos sociais que continuam a chamar o início da Idade Média de "Idade das Trevas", em vez da historicamente mais exata e muito menos racista expressão "Era da Supremacia Africana e Asiática"; ou aqueles livros que tratam Rosa Parks meramente como uma afro-americana que estava cansada demais para ir até o fundo do ônibus, em vez de discutir o seu treinamento em desobediência civil organizada na Highlander Folk School. A constatação de que o ensino, especialmente o de primeiro grau, foi em grande parte definido como trabalho remunerado feminino (quase 90% dos professores primários e mais de 65% dos professores em geral são mulheres) também comprova as ligações entre o ensino e a história da política dos sexos.[5] Assim, quer gostemos ou não, um poder diferencial intromete-se no âmago das questões de currículo e de ensino.

Ao pedir que consideremos a educação relacionalmente, que reconheçamos suas íntimas ligações com as desigualdades vigentes na sociedade maior, estou conscientemente alinhando-me a um programa que visa ao que denominei anteriormente "o bem comum". Esse programa, de crítica e renovação, defende o princípio político e ético, de que "nenhum ato desumano deve ser usado como caminho mais curto para dias melhores" e, especialmente, que, em cada passo desse caminho, qualquer programa social "será julgado conforme a sua probabilidade de resultar na junção de igualdade, generosidade, dignidade pessoal, segurança, liberdade e solidariedade".[6] Isso significa que aqueles que persistirem em tal programa "devem [...] procurar assegurar-se de que o rumo que seguem, que investigam [e] analisam [...] dignificará a vida humana, reconhecerá o lado alegre e criativo das pessoas" e enxergará os outros não como objetos, mas como sujeitos "corresponsáveis" no processo de deliberar democraticamente sobre todas as suas instituições e estabelecer os seus meios e fins.[7]

Como deve ser do conhecimento de alguns leitores, *Ideologia e currículo* é o primeiro volume de uma trilogia. A ele seguiram-se *Educação e poder*[8] e *Teachers and texts*,[9] assim como uma série de coletâneas que ampliaram sua problemática original e exploraram ainda mais profundamente as questões por ele levantadas, o real conteúdo, a organização e o controle do currículo e do ensino e as respostas do aluno e do professor a essas questões.[10] Como primeiro volume, entretanto, *Ideologia e currículo* enunciou a problemática. Abriu o caminho para tudo quanto veio depois.

Ao escrever *Ideologia e currículo*, procurei concretizar uma série de intenções. Em primeiro lugar, queria que os educadores, sobretudo aqueles com interesse específico no que acontece dentro das salas de aula, examinassem criticamente as suas próprias ideias acerca dos efeitos da educação. Essas ideias têm a ver com algumas pressuposições muito profundamente arraigadas, mas frequentemente inconscientes, sobre a ciência, a natureza dos homens e das mulheres e a ética e política de nossas teorias e práticas curriculares e pedagógicas cotidianas. Acreditava firmemente naquela época, e ainda hoje acredito, que a forma mais séria de realizar esse exame crítico é ressituar nossas instituições de educação formal na sociedade mais ampla e cheia de iniquidades da qual elas fazem parte.

Em segundo lugar, desejava usar determinada abordagem conceitual, empírica e política para a realização dessa tarefa. Tal abordagem deveria revelar como a educação estava vinculada de maneiras significativas à reprodução das relações sociais vigentes. Ao mesmo tempo, porém, teria de evitar alguns dos erros cometidos em investigações anteriores sobre escolarização em nosso sistema econômico. Tinha de ser crítica e ao mesmo tempo resistir à tendência de tratar *apenas* de controles e "determinações" econômicas. Tinha de tocar diretamente em dinâmicas ideológico-culturais que não se resumiam exclusivamente a relações econômicas, muito embora fossem por elas claramente influenciadas.

Finalmente, senti que era necessário transportar-me para dentro da escola e escrutinar rigorosamente o verdadeiro currículo — não só o explícito, mas também o oculto — que dominava a sala de aula, e então compará-lo com os pressupostos de senso comum dos educadores. Meu objetivo era sintetizar, reformular e ampliar investigações anteriores acerca do papel social de nossas teorias e práticas educacionais amplamente aceitas. Recorri, em meus argumentos, a aspectos da "teoria crítica" e a alguns trabalhos de crítica cultural e sociológica excepcionalmente esclarecedores feitos na Europa, para complementar trabalhos que já haviam sido produzidos por mim e por outras pessoas nos Estados Unidos.

Por trás de todas essas questões está um conjunto específico de perguntas. Qual é a relação entre cultura e economia? Como opera a ideologia? Responder a essas perguntas no plano abstrato não basta, entretanto. Como pessoas interessadas em educação, precisamos respondê-las tendo em vista uma instituição maior: a escola. Por isso, devemos escrutinar rigorosamente a forma e o conteúdo do currículo, as relações sociais dentro da sala de aula e as maneiras pelas quais conceituamos atualmente esses aspectos, enquanto expressões culturais de determinados grupos em determinadas instituições e em determinadas épocas.

Ao mesmo tempo, e isso é importante para os meus argumentos em *Ideologia e currículo*, é vital perceber que, embora nossas instituições educacionais de fato operem para distribuir valores ideológicos e conhecimento, sua influência não se resume a isso. Como sistema institucional, elas também ajudam, em última análise, a produzir o tipo de conhecimento (como se fosse um tipo de *mercadoria*) necessário à manutenção das composições econômicas, políticas e culturais vigentes. Chamo-o "conhecimento técnico", no presente contexto. É a tensão entre distribuição e produção que em parte responde por algumas das formas de atuação das escolas no sentido de legitimar a distribuição de poder econômico e cultural existente.

Fiz uma abordagem apenas preliminar dessas questões em *Ideologia e currículo* e ampliei-a consideravelmente em *Educação e poder* e *Teachers and texts*. Espero, entretanto, que ela seja suficientemente clara para o leitor perceber que a influência da escola nos planos ideológico, cultural e econômico é muito complexa, não podendo ser totalmente compreendida através de fórmulas simples. Existem sim ligações muito fortes entre o conhecimento formal e informal dentro da escola e a sociedade mais ampla com todas as suas desigualdades. Entretanto, uma vez que as pressões e demandas dos grupos dominantes são intensamente mediatizadas pela história de cada instituição educacional e pelas necessidades e ideologias das pessoas que de fato nelas trabalham, os objetivos e resultados serão também frequentemente contraditórios. Sejam quais forem esses objetivos e resultados, entretanto, o fato é que há pessoas de verdade sendo tanto ajudadas quanto prejudicadas dentro desses edifícios. E não é quimerizando e deixando de enfrentar o que podem ser alguns dos efeitos mais poderosos do sistema educacional que eliminaremos esse fato.

Nos anos seguintes à primeira edição de *Ideologia e currículo*, fiquei muito satisfeito com a receptividade alcançada pelo livro, tanto em termos pessoais, como em termos do que representou para o campo do currículo. O fato de ter sido traduzido para muitas línguas, de ser considerado uma obra pioneira e de ser bastante difundido atesta eloquentemente, para mim, a seriedade e a postura aberta e receptiva com que muitos educadores, cientistas sociais, planejadores, ativistas culturais e políticos e outros abordam suas tarefas. Igualmente importante é que esse fato também comprova a constante luta empreendida por essas pessoas ao se autoquestionarem sobre suas condições presentes, para poderem atuar com maior responsabilidade. Não se engajar nesse contínuo questionamento é esquivar-se da própria responsabilidade para com as vidas atuais e futuras de milhares de alunos que passam tantos anos nas escolas. Autorreflexão e reflexão social confundem-se neste contexto.

As perspectivas expressas no livro dizem respeito sobretudo às forças de reprodução ideológica. O que não é abordado em grandes detalhes é um conjunto de preocupações que envolve o que foi chamado de tendências contraditórias, resistências e conflitos em torno dessas forças ideológicas. Ou seja, a reprodução cultural e econômica não é o único fenômeno que está ocorrendo em nossas instituições educacionais. Embora *Ideologia e currículo* focalize principalmente um dado momento de uma progressão histórica maior — o da política da dominação — parece-me muito difícil compreender "de que maneira as relações de dominação, quer materiais, quer simbólicas, conseguiram operar sem implicar nem acionar resistências".[11] Já não é raro encontrar pessoas que, individualmente ou em grupos organizados, estão atuando de formas que podem oferecer importantes bases para um trabalho "contra-hegemônico", também. Isso deveria dar-nos algum motivo para otimismo, um otimismo (sem ilusões) que foi expresso e desenvolvido em meus livros posteriores. O reconhecimento de tal trabalho "contra-hegemônico", contudo, significa que analisar o modo pelo qual operam poderosos interesses conservadores, tanto ideológicos como materiais, é tarefa da maior importância, que nos permite compreender melhor tanto as condições de atuação da educação, como as possibilidades de alteração dessas condições.

Um outro ponto necessita ainda ser esclarecido. *Ideologia e currículo* não apenas se concentra mais intensamente nas formas de reprodução na educação, mas tende também a enfatizar as relações de classe. A dinâmica das classes é de enorme importância e não pode ser ignorada. Entretanto, fui convencendo-me cada vez mais de que as relações de *gênero* — e as que envolvem *raça*, que são de fundamental importância nos Estados Unidos e em muitos outros países — são de igual relevância na compreensão dos efeitos sociais da educação e de como e por que o currículo e o ensino são organizados e controlados. Também esses argumentos foram desenvolvidos em maior amplitude em outros trabalhos.[12] Mas penso que seja suficiente notar aqui apenas como a problemática inicialmente estabelecida em *Ideologia e currículo* foi consideravelmente ampliada para incluir as formas como as contraditórias dinâmicas de gênero, raça e classe operam em toda a sua complexidade em nossas instituições, e de que modo poderão estar levando a caminhos também de avanço, e não apenas de retrocesso.

Parte da argumentação aqui desenvolvida fundamenta-se em uma apreciação crítica do liberalismo enquanto arcabouço da política social e da teoria e prática educacionais. Se, por um lado, essas críticas ao liberalismo são essencialmente corretas, por outro, nota-se que o próprio liberalismo está sob ataque orquestrado da direita, da coalizão dos neoconservadores, dos agentes da "modernização econômica" e de grupos recém-formados de direita, que têm procurado criar um novo consenso em torno de seus próprios princípios. Seguindo uma estratégia cujo melhor nome seria "populismo autoritário", essa coalizão combinou uma "ética de livre mercado" com uma política populista. Eis os resultados: parcial desmantelamento das políticas sociais-democráticas que beneficiaram amplamente a classe trabalhadora, as pessoas de cor e as mulheres (grupos esses obviamente não excludentes entre si); estreitamento de relações entre governo e economia capitalista; radical enfraquecimento das instituições e do poder da democracia política; e tentativas de cerceamento de liberdades adquiridas no passado. E tudo isso foi associado de forma bastante habilidosa às necessidades, aos temores e às esperanças de muitos grupos de pessoas que se sentem ameaçadas em uma época de generalizadas crises na economia, nas relações de autoridade, na família e em outros setores.[13]

Esses ataques, e a facilidade com que certas conquistas foram anuladas, levaram a uma parcial reconciliação com posições sociais-democráticas ditas "liberais". Embora quase sempre tenham atuado de forma a ocultar a verdadeira dimensão dos nossos problemas na educação, na economia e em outras áreas, tais políticas liberais efetivamente contemplaram alguns ganhos reais. Esse fato, portanto, obriga-nos a abordar o liberalismo de forma mais sutil. Nossa tarefa é defender as conquistas e os direitos parcialmente adquiridos sob a bandeira da social-democracia, ampliá-los e aprimorá-los para uma economia, uma sociedade e uma cultura mais amplamente democratizadas.[14] Assim, embora mantenha a minha análise das principais fragilidades das posições liberais em *Ideologia e currículo*, o contexto já não é mais o mesmo. Em um cenário em que até as políticas e direitos liberais estão em risco, precisamos dirigir nossa atenção muito mais às ameaças do populismo autoritário da direita.

Peço licença para estender um pouquinho mais essa argumentação. O ressurgimento de posturas conservadoras é uma tentativa de recuperar o poder hegemônico que foi ameaçado pelas mulheres, pelas pessoas de cor e por outros. Basta ler os pronunciamentos de William Bennett, ex-secretário da Educação dos Estados Unidos — que enfatizam a ideia de uma cultura comum baseada em "nossa" herança ocidental e um passado romantizado, em que todos os alunos ouviam em silêncio e introjetavam "nossos" valores — para entender a premência atual de resgatar um consenso perdido acerca do que realmente vale como conhecimento legítimo.[15] As questões em torno do que é considerado como conhecimento legítimo e uma análise da tentativa de se criar um falso consenso político-cultural são os principais pontos de enfoque do livro. Isso talvez torne muitos dos argumentos sobre ideologia nele apresentados mais importantes hoje do que no momento em que foram publicados pela primeira vez.

O atual apelo de "retorno" a uma "cultura comum", na qual os valores de determinado grupo — geralmente o grupo dominante — são transmitidos a todos os alunos, nada tem a ver, em minha opinião, com uma cultura verdadeiramente comum. Trata-se de uma abordagem por demais superficial, que mal toca nas questões políticas em pauta. Uma cultura comum jamais poderá ser a disseminação geral, para todas as pessoas, daquilo que uma minoria pensa e acredita. Ela requer não a imposição de padrões e conceitos, que nos tornem a todos "culturalmente letrados", mas sim, e essencialmente, *a criação das condições necessárias para que todas as pessoas participem da formulação e reformulação de conceitos e valores*. Requer um processo democrático em que todos — e não apenas aqueles que são os guardiões intelectuais da "tradição ocidental" — possam envolver-se nas deliberações acerca do que é importante. Desnecessário dizer que, para isso, é preciso remover os verdadeiros obstáculos materiais que impedem tal participação — desigualdade de poder, recursos e tempo para reflexão.[16] Conforme colocou Williams:

> A ideia de uma cultura comum não é de forma alguma a ideia de uma sociedade simplesmente aquiescente, muito menos meramente obediente. [Envolve] um exercício de conceituação coletivo, de que participem todas as pessoas, atuando ora como indivíduos, ora como grupos, num processo contínuo, que jamais pode ser dado como pronto ou concluído. Nesse processo coletivo, a única regra incondicional é manter todos os canais e instituições de comunicação continuamente abertos, para que todos possam contribuir e ser estimulados a contribuir.[17]

Ao falar, portanto, em uma cultura comum, não deveríamos implicar algo uniforme e homogêneo, algo a que todos nos adaptemos. Ao contrário, o que deveríamos buscar é "precisamente aquele *processo* livre, enriquecedor e coletivo de participação na formulação dos conceitos e dos valores".[18] É exatamente do bloqueio desse processo em nossas instituições formais de educação, e de seus efeitos tremendamente negativos, que quis tratar em *Ideologia e currículo*.

Nossa linguagem atual é uma prova de como esse processo está em redefinição. Em lugar de sermos definidos como pessoas que participam da luta para construir e reconstruir nossas relações educacionais, políticas e econômicas, somos definidos como consumidores. Esse é um conceito verdadeiramente esdrúxulo, porque enxerga as pessoas basicamente como estômagos ou fornos.[19] Usamos e consumimos. Nada criamos. Alguém o faz por nós. Se isso já é suficientemente perturbador do ponto de vista genérico, na educação é simplesmente incapacitante. Deixe a criação por conta dos guardiões da tradição, dos *experts* em eficiência e responsabilidade, dos detentores do "verdadeiro conhecimento"! Conforme demonstrei no livro, é exatamente isso que fazemos, deixamos a tarefa a cargo dessas pessoas, imprudentemente colocando em risco sobretudo a sorte daqueles alunos que já são econômica e culturalmente marginalizados pelas nossas instituições dominantes.

Devo ser honesto. A razão de haver dado e continuar dando tamanha importância a essas questões de política cultural e poder é em parte autobiográfica. Cresci no seio de uma família pobre (mas *somente* no sentido econômico da palavra), em um bairro também muito pobre de uma agonizante cidade industrial do nordeste americano (Paterson, New Jersey). As lutas e inseguranças verdadeiramente reais da vida daquela classe trabalhadora, as suas formas de solidariedade, a sua política e cultura em face daquele cenário, tudo isso teve considerável papel em minha formação. Lembro-me fartamente do quanto essa rica cultura foi desmerecida pela mídia, pelas instituições educacionais e por outros veículos. Tenho plena consciência de que o indivíduo que me tornei, seja ele o que for, tem profundas raízes nos sentimentos, sensibilidades e significados ricamente contextualizados das mulheres e homens daquele bairro, capazes de se manter pacíficos diante de um sistema econômico que privilegia o lucro em detrimento da vida das pessoas, e diante de um sistema educacional que — não obstante o trabalho imensamente árduo e pouquíssimo respeitado dos que nele militam — ainda aliena milhões de crianças para quem a escolarização poderia ser tão importante.

Não posso aceitar uma sociedade em que mais do que uma entre cada cinco crianças nasce na pobreza, condição essa que está se agravando dia a dia. Tampouco posso aceitar como legítima uma definição de educação que estabeleça como nossa tarefa a preparação de alunos para funcionar sem problemas nos "negócios" dessa sociedade. Nações não são empresas.[20] E escolas não fazem parte de empresas; para ficarem eficientemente produzindo em série o "capital humano" necessário para dirigi-las. Ferimos o nosso próprio senso de bem comum só de pensar no drama humano da educação nesses termos. É humilhante para os professores e cria um processo educacional totalmente desvinculado das vidas de um grande número de crianças.

Existem, é claro, questões complicadas e, em função disso, partes de *Ideologia e currículo* são densamente argumentadas. Algumas seções podem parecer mesmo escritas em uma linguagem que requer, de fato, a leitura de dois livros, não apenas um — as palavras que escrevi nas páginas que são lidas e o dicionário ao lado para o esclarecimento de conceitos não familiares. Em outro livro de minha autoria — *Teachers and texts* — proponho que seja dada uma atenção maior à política do redigir, o redigir de uma forma que torne os argumentos do autor mais acessíveis ao leitor. Por outro lado, contudo, é importante perceber que a realidade é muito complexa, assim como complexas são as relações de domínio e subordinação que a organizam. Às vezes, para entender essas relações, é necessário que desenvolvamos uma nova linguagem, que pode parecer estranha quando experimentada pela primeira vez. Aprender a usar esse conjunto de conceitos para lançar um novo olhar às nossas vidas cotidianas é bastante trabalhoso, mas pode realmente ser necessário se quisermos nos aprofundar na compreensão verdadeira (e não deturpada, como é muito comum entre nós) dos modos contraditórios pelos quais a educação funciona em nossa sociedade.

Ideologia e currículo, foi o resultado de quase uma década de luta para entender a política da realidade educacional e revela as marcas dessa luta em seus conceitos, linguagem e análise. Mesmo assim, ainda que hoje eu escrevesse diferente e de modo mais claro, uma parte bastante significativa do seu conteúdo ainda me parece precisa, e muitos dos temas e questões nele examinados permanecem críticos em um período de restauração conservadora[21] — qualificado por Aronowitz e Giroux como "era dos sonhos desfeitos"[22] — que chego a concluir, afinal, que ele foi escrito exatamente da forma como tinha de ser.

Em *Ideologia e currículo*, procurei incorporar ao discurso educacional um conjunto de conceitos e preocupações que, creio, continuam a ser essenciais às nossas deliberações acerca de qual conhecimento detido por quais grupos seja o de maior importância. Boa parte de minha vida de ativista, pesquisador e professor tem sido gasta tentando unir as fronteiras artificiais entre, digamos, política e educação, entre currículo e ensino de um lado e questões de poder cultural, político e econômico de outro. Essas fronteiras, como diria Pierre Bourdieu, "são puros produtos de reprodução acadêmica"?[23] O alicerce de tais fronteiras é conceitualmente frágil e imensamente incapacitante, se formos tratar as realidades políticas da educação de maneira honesta. Por isso, parte do meu método aqui é "transgredir" usando ferramentas desenvolvidas na teoria crítica, na Sociologia do Conhecimento, na Filosofia e assim por diante, e aplicá-las aos nossos pensamentos e atos práticos como educadores. Recorrendo novamente a Bourdieu, "transgredir [...] é um pré-requisito para [...] avançar".[24]

Para avançar, é necessário que o sistema de conceitos e valores gerado por essa sociedade — sistema esse cada vez mais dominado por uma "ética" da privatização, do individualismo alienado, da ganância e do lucro — seja questionado de várias maneiras. Uma das mais importantes é através do trabalho intelectual e educacional contínuo e minucioso.[25] Não será fácil realizar esse trabalho; afinal, uma significativa parte do aparato cultural desta sociedade está organizada de forma a não nos permitir uma visão clara do que está sob a superfície. *Flashes* informativos de dez segundos são incapazes de transmitir isso. Diante de tal realidade, é ainda mais importante que façamos o trabalho de escavação cultural, de revelação dos momentos positivos e negativos do poder, resgatando para nossas memórias coletivas o significado do poder cultural diferencial para uma sociedade em crise.

Obviamente, existem riscos nessa empreitada. Críticas, por exemplo, costumam incomodar as pessoas, e não raro elas precisam ser dirigidas também a nós próprios. Além disso, dizer coisas que colocam em dúvida políticas e práticas comumente aceitas pode afetar negativamente a carreira de uma pessoa, o que não é tão improvável assim e tem ocorrido uma série de vezes em tempos recentes, com educadores críticos em universidades e outros espaços.

Que o levar esses argumentos a sério é em si um ato político ficou clarissimamente comprovado para mim, com a demissão de um professor que escrevera um artigo sobre *Ideologia e currículo* em uma revista para professores, em um país asiático que tem uma história de regimes de repressão. Idêntica constatação pude fazer ao ser submetido a uma forma de prisão domiciliar e impedido de falar com certas pessoas naquele mesmo país. Ideias são armas (se me perdoam a expressão militarista e um tanto machista); e espalhá-las em contextos autoritários é um ato subversivo, às vezes, perigoso, e, ao mesmo tempo, absolutamente essencial.

E acaso poderíamos nós, como educadores, fazer menos? Nossa tarefa é ensinar e aprender; levar nossas indagações tão a sério quanto o tema requer; e receber as críticas que nos fazem respeitosa e abertamente; desejá-las mesmo, para que também possamos ser convocados a questionar e reformular nosso próprio senso comum, da mesma forma que pedimos aos outros — por exemplo a você, leitor — que questionem o seu. A jornada em que estamos embarcando — aquela que Raymond Williams tão corretamente chamou de a longa revolução[26] — requer esse questionamento e essa reformulação. É uma jornada de esperança, mas uma jornada assentada em uma avaliação objetiva do que nos compete enquanto educadores, nós, que acreditamos que a democracia não é um *slogan* a ser invocado quando o "verdadeiro negócio" da nossa sociedade acabar, mas um princípio constitutivo que deve ser completamente integrado às nossas vidas cotidianas. *Ideologia e currículo* — reconhecidas suas limitações e silêncios — é parte de minha jornada nesse caminho para a democracia cultural. Se lhe for útil também, que mais poderá um autor desejar?

Notas

1. Ver, por exemplo, Michael W. Apple, *Teachers and texts* (Nova York: Routledge, 1986).

2. Marcus Raskin, *The common good* (Nova York: Routledge, 1986).

3. Ver Kenneth Teitelbaum, Contestation and curriculum: the efforts of American socialists, 1900-1920. In: BEYER, Landon E.; APPLE, Michael W. (Eds.). *The curriculum*: problems, politics and possibilities (Albany: State University of New York Press, 1988. p. 32-55).

4. Este assunto é discutido mais detalhadamente em Landon E. Beyer e Michael W. Apple, "Values and Politics in Curriculum". In: Beyer e Apple (Eds.). *The curriculum*, p. 3-16.

5. Apple, *Teachers and texts*.

6. Raskin, *The common good*, p. 8.

7. Ibidem.

8. Michael W. Apple, *Education and power* (Boston: Routledge, ARK Edition, 1985). Traduzido e publicado no Brasil em 1989 pela Editora Artes Médicas, Porto Alegre, com o título *Educação e poder.*

9. Apple, *Teachers and texts.*

10. Michael W. Apple, ed., *Cultural and economic reproduction in education* (Boston: Routledge, 1982); Michael W. Apple e Lois Weis (Eds.). *Ideology and practice in schooling* (Filadélfia: Temple University Press, 1983); e Beyer e Apple, (Eds.). *The curriculum.*

11. Pierre Bourdieu, citado *in* Loie J. D. Wacquant, "Toward a reflexive sociology: a workshop with Pierre Bourdieu", *Sociological Theory*, n. 7, p. 24, primavera de 1989. Para uma análise detalhada de algumas das limitações até mesmo desta reformulação, ver Philip Wexler, *Social analysis of education* (Nova York: Routledge, 1987).

12. Ver, por exemplo, Apple, *Education and power*; Apple, *Teachers and texts*; e Cameron McCarthy e Michael W. Apple, "Class, Race and Gender in American Educational Research". In: Lois Weis, ed., *Class, race and gender in American education* (Albany: State University of New York Press, 1988, p. 9-39).

13. Analisei este tema bem mais pormenorizadamente em Michael W. Apple, "Redefining equality", *Teachers College Record*, n. 90 (inverno de 1988, p. 167-184).

14. Ver Herbert Gintis, "Communication and politics", *Socialist Review*, n. 10 (março/junho de 1980, p. 189-232). Samuel Bowles e Herbert Gintis, *Democracy and capitalism* (New York: Basic Books, 1986); e Ernesto Laclau e Chantal Mouffe, *Hegemony and socialist strategy* (Londres: Verso, 1985).

15. William Bennett, *Our children and our country* (Nova York: Simon & Schuster, 1988).

16. Raymond Williams, *Resources of hope* (Nova York: Verso, 1989, p. 35-36).

17. Ibidem, p. 37-38.

18. Ibidem, p. 38.

19. Ibidem, p. 216.

20. Ibidem, p. 14.

21. Ver Ira Shor, *Culture wars* (Nova York, Routledge, 1986).

22. Stanley Aronowitz e Henry Giroux, "Schooling, culture and literacy in the age of broken dreams", *Harvard Educational Review*, n. 58 (maio de 1988, p. 172-194).

23. Pierre Bourdieu citado *in* Wacquant, *Toward a reflexive sociology*, p. 46.

24. Ibidem.

25. Williams, *Resources of Hope*, p. xxi.

26. Raymond Williams, *The long revolution* (Londres: Chatto e Windus, 1961).

CAPÍTULO 3

A política do conhecimento oficial: faz sentido a ideia de um currículo nacional?

Michael W. Apple

Introdução

A educação está intimamente ligada à política da cultura. O currículo nunca é apenas um conjunto neutro de conhecimentos, que de algum modo aparece nos textos e nas salas de aula de uma nação. Ele é sempre parte de uma *tradição seletiva*, resultado da seleção de alguém, da visão de algum grupo acerca do que seja conhecimento legítimo. É produto das tensões, conflitos e concessões culturais, políticas e econômicas que organizam e desorganizam um povo.

O que *conta* como conhecimento, as formas como ele está organizado, quem tem autoridade para transmiti-lo, o que é considerado como evidência apropriada de aprendizagem e — não menos importante — quem pode perguntar e responder a todas essas questões, tudo isso está diretamente relacionado à maneira como domínio e subordinação são reproduzidos e alterados nesta sociedade.[1] Sempre existe, pois, uma política do conhecimento oficial, uma política que exprime o conflito em torno daquilo que alguns veem simplesmente como descrições neutras do mundo e outros, como concepções de elite que privilegiam determinados grupos e marginalizam outros.

Falando genericamente sobre o modo como a cultura, os hábitos e os "gostos" da elite funcionam, Pierre Bourdieu expressa o seguinte:

> A negação da alegria simples, tosca, vulgar, venal, servil — em uma palavra, natural — que constitui o sagrado ambiente da cultura implica a afirmação da superioridade dos que conseguem satisfazer-se com aqueles prazeres sublimados, refinados, desinteressados, gratuitos e distintos que são eternamente vetados aos profanos. É por isso que a arte e o consumo cultural são predispostos, consciente e deliberadamente ou não, a desempenhar a função social de legitimar as diferenças sociais.[2]

Bourdieu prossegue dizendo que essas formas culturais, "através das condições econômicas e sociais que pressupõem, [...] estão intimamente ligadas aos sistemas de disposições (*habitus*) característicos de diferentes classes e segmentos sociais".[3] Assim, forma e conteúdo culturais funcionam como indicadores de classe.[4] A concessão de legitimidade exclusiva a tal sistema de cultura, através de sua incorporação ao currículo centralizado oficial, cria, por sua vez, uma situação em que os indicadores de "gosto" se tornam indicadores de pessoas. A escola torna-se uma escola de classes sociais.

A tradição de estudos acadêmicos e ativismo pela qual me formei baseou-se exatamente nesses *insights*: as complexas relações entre capital econômico e capital cultural, o papel da escola nas ações de reproduzir e desafiar a enormidade de relações desiguais de poder (que transcendem muito as classes sociais, obviamente) e as maneiras como o conteúdo e a organização do currículo, a pedagogia e a avaliação do aprendizado funcionam em tudo isso.

É precisamente nos tempos de hoje que essas questões devem ser levadas mais a sério. Estamos vivendo uma época — que podemos denominar *restauração conservadora* — de gravíssimos conflitos em torno da política do conhecimento oficial. Acredito mesmo que esteja em jogo a própria ideia de educação pública e a própria ideia de um currículo que responda às culturas e histórias de amplos e crescentes segmentos da população americana. Mesmo com uma administração democrática "moderada" agora no poder em Washington, muitos dos seus compromissos expressam as tendências sobre as quais discorrerei adiante. Na realidade, é exatamente *em função* da atual existência de um governo federal relativamente mais "moderado" que precisamos pensar com extremo cuidado sobre o que pode acontecer no futuro, à medida que ele for impelido — por razões políticas — a rumos cada vez mais conservadores.

Gostaria de fundamentar esses argumentos através de uma análise das propostas para um currículo e um sistema de avaliação nacionais. Mas, para entendê-los, precisamos pensar relacionalmente, precisamos vincular essas propostas ao programa maior da restauração conservadora. Meu argumento é que, por trás das justificativas educacionais para um currículo e um sistema de avaliação nacionais, está uma perigosíssima investida ideológica.

Seus efeitos serão verdadeiramente perniciosos àqueles que já têm quase tudo a perder nesta sociedade. Apresentarei primeiramente algumas advertências decorrentes de minhas interpretações dos fatos. Em seguida, analisarei o projeto geral da pauta direitista. Em terceiro lugar, demonstrarei as ligações entre currículos nacionais e sistemas de avaliação nacionais, de um lado, e a crescente ênfase em privatização e planos de "opções", de outro. Por último, gostaria de discutir os padrões de benefícios diferenciados que provavelmente resultarão disso tudo.

A questão do currículo nacional

Como deveriam aqueles de nós que se consideram parte da longa tradição progressista na educação posicionar-se com referência ao clamor por um currículo nacional?

Já de início, quero deixar algo claro. Não me oponho, em princípio, a um currículo nacional. Tampouco me oponho, em princípio, à ideia ou à atividade de avaliação. Em vez disso, desejo apresentar uma série de argumentos mais conjunturais, baseados na tese de que, neste momento — dado o equilíbrio das forças sociais — há perigos muito reais dos quais precisamos estar bastante conscientes.

Nesta discussão, procurarei restringir-me aos aspectos negativos. Minha tarefa é simples: levantar uma quantidade suficiente de questões graves para fazer-nos parar e pensar sobre as implicações de seguir nesse rumo, em tempos de triunfalismo conservador.

Não somos a única nação em que uma coalizão predominantemente de Direita veio a incluir tais propostas na pauta educacional. Na Inglaterra, já está praticamente instituído, em essência, um currículo nacional, introduzido ainda no governo Thatcher. Ele consiste de "matérias básicas e fundamentais" tais como Matemática, Ciências, Tecnologia, História, Arte, Música, Educação Física e uma língua estrangeira moderna. Grupos de trabalho formados para determinar as metas-padrão, os "objetivos a serem alcançados" e respectivos conteúdos já apresentaram suas conclusões. Paralelamente, há um sistema nacional de exames ou testes de aproveitamento — que não só são dispendiosos, mas que também consomem um tempo considerável para serem aplicados nas salas de aula — para todos os alunos de escolas públicas com idades de 7, 11, 14 e 16 anos.[5]

Supõe-se, em muitas esferas de nossa sociedade, que precisamos seguir os passos dessas nações — como a Grã-Bretanha e, especialmente, o Japão —, caso contrário, ficaremos para trás. Contudo, é fundamental percebermos que *já temos* um currículo nacional, com a diferença de que o nosso é determinado pela complicada inter-relação entre as políticas de adoção de livros didáticos do Estado e o mercado editorial que publica esses livros.[6] Assim, temos de perguntar o que é *melhor*: um currículo nacional — que sem dúvida estará vinculado a um sistema de objetivos nacionais e instrumentos de avaliação nacionalmente estandardizados (muito provavelmente testes padronizados, em função do tempo e dos custos envolvidos) — ou um currículo nacional igualmente bem difundido, porém um pouco mais velado, estabelecido pela adoção de livros didáticos na rede pública, em Estados como a Califórnia e o Texas, com um controle de 20% a 30% do mercado de livros escolares.[7] Existindo ou não tal currículo nacional disfarçado, há, entretanto, um sentimento crescente de que um conjunto padronizado de diretrizes e metas curriculares nacionais é indispensável para "elevar o nível" e fazer com que as escolas sejam responsabilizadas pelo sucesso ou fracasso de seus alunos.

É certo que há pessoas de diversas correntes educacionais e políticas defendendo níveis mais elevados, currículos mais rigorosos em âmbito nacional e um sistema unificado de avaliação. Ainda assim, precisamos sempre fazer uma pergunta: que grupo lidera tais esforços "reformistas"? Essa pergunta leva naturalmente a outra, de maior amplitude: tendo em conta a resposta à primeira pergunta, quem ganhará e quem perderá em consequência de tudo isso? Sustentarei que, infelizmente, quem está estabelecendo de fato a pauta política na educação são grupos de Direita e que, em geral, o mesmo padrão de benefícios que tem caracterizado quase todas as áreas da política social — através dos quais os 20% mais ricos da população ficam com 80% dos benefícios[8] — será reproduzido também nesta área.

Evidentemente, precisamos ter cuidado com a falácia da gênese, ou seja, a pressuposição de que, pelo fato de uma política ou prática ser oriunda de uma posição repulsiva, ela será fundamentalmente determinada, em todos os seus aspectos, pela origem nessa tradição. Veja-se o exemplo de Thorndike. O fato de suas crenças sociais serem não raro repugnantes — com sua participação no movimento popular pela eugenia e suas noções de hierarquia de raça, sexo e classe social — não desmerece necessariamente todas as contribuições de sua pesquisa sobre a aprendizagem. Embora eu não apoie de forma alguma esse paradigma de pesquisa — e suas implicações epistemológicas e sociais continuam a exigir uma crítica à altura[9] — ele requer um tipo de argumentação diferente daquele baseado na origem. (De fato, pode-se encontrar alguns educadores progressistas que recorreram a Thorndike a fim de fundamentar algumas de suas afirmações sobre o que necessitava ser modificado em nosso currículo e nossa pedagogia.)

Obviamente, não são apenas aqueles identificados com o projeto direitista que defendem um currículo nacional. Outros, que historicamente se identificaram com uma pauta mais liberal, também tentaram justificá-lo.[10]

Smith, O'Day e Cohen propõem uma visão positiva, ainda que cautelosa, para um currículo nacional. Um currículo nacional envolveria a criação de novos exames, tarefa essa técnica, conceitual e politicamente difícil. Requereria o ensino de um conteúdo mais rigoroso e, portanto, demandaria o engajamento dos professores em um trabalho mais exigente e mais estimulante. Nossos professores e administradores de ensino, portanto, seriam obrigados a "aprofundar seus conhecimentos das matérias acadêmicas e mudar suas concepções sobre o próprio conhecimento". Os atos de ensinar e aprender teriam de ser vistos como "mais ativos e inventivos". Professores, administradores e alunos teriam de "tornar-se mais atenciosos, cooperativos e participativos".[11]

Nas palavras de Smith, O'Day e Cohen:

> A conversão para um currículo nacional só teria sucesso se o trabalho de mudança fosse concebido e empreendido como uma grandiosa aventura de aprendizado cooperativo. O empreendimento seria um retumbante fracasso se fosse concebido e organizado primordialmente como um processo técnico de desenvolvimento de novos exames e materiais e sua posterior "disseminação" ou implementação.[12]

Prosseguem eles:

> Um currículo nacional, para ter validade e eficácia, requereria também a criação de um tecido articulador social e intelectual inteiramente novo. Por exemplo, o conteúdo e a pedagogia da formação do professor teriam de ser intimamente vinculados ao conteúdo e à pedagogia do currículo das escolas. O conteúdo e a pedagogia dos exames teriam de ser intimamente vinculados aos conteúdos e às pedagogias tanto do currículo das escolas como da formação de professores. Esses vínculos atualmente não existem.[13]

Os autores concluem que um sistema assim revitalizado, em que se estabeleça tal coordenação, "não será fácil, rápido nem barato", especialmente se se quiser preservar a diversidade e a iniciativa. "Se os americanos continuarem a desejar uma reforma educacional a baixo custo, será um erro instituir um currículo nacional".[14] Concordo inteiramente com essa última opinião.

No entanto, o que eles não chegam propriamente a reconhecer é que muito daquilo que temem já está acontecendo na própria articulação que propõem como necessária. E, fato ainda mais grave, é aquilo a que eles não estão dirigindo suficiente atenção — as ligações entre um currículo e um sistema de avaliação nacionais e a pauta maior da Direita — que constitui um perigo ainda maior. É neste ponto que desejo me concentrar.

Entre o neoconservadorismo e o neoliberalismo

O conservadorismo sugere, por seu próprio nome, um tipo de interpretação de sua proposta. Ele conserva. Outras interpretações são possíveis, naturalmente. Poder-se-ia dizer, desvirtuando um pouco o sentido, que o conservadorismo acredita que nada deveria ser feito pela primeira vez.[15] Entretanto, em muitos aspectos, isso é ilusório na atual situação. Pois, com a Direita em ascensão em muitos países, estamos testemunhando um projeto muito mais ativista. A política conservadora é hoje em larga medida uma política de mudança — embora nem sempre, mas fica claro que a ideia do "não faça nada pela primeira vez" não é a explicação adequada para o que está ocorrendo na educação ou em outros setores.[16]

O conservadorismo de fato tem diferentes significados em diferentes épocas e lugares. Algumas vezes, envolve ações defensivas; outras vezes, envolve ofensivas contra o *status quo.*[17] Atualmente, estamos testemunhando as duas coisas.

Em função disso, é importante que eu apresente o contexto social mais amplo em que a atual política do conhecimento oficial está operando. Houve uma ruptura do acordo que vinha orientando boa parte da política educacional desde a Segunda Guerra Mundial. Poderosos grupos dentro do governo, da economia e dos movimentos sociais "populistas-autoritários"[18] conseguiram redefinir — não raro com grande retrocesso — os termos do debate nas áreas da educação, da previdência social e em outras áreas do bem comum. O *propósito* da educação está sendo mudado. Já se foi o tempo em que a educação era vista como parte de uma aliança social que reunia muitas "minorias",[19] mulheres, professores, ativistas comunitários, legisladores progressistas, funcionários de governo e outros, que agiam em conjunto para propor políticas sociais-democráticas (ainda que limitadas) para as escolas (por exemplo, ampliação das oportunidades educacionais, esforços limitados de equalização de resultados, desenvolvimento de programas especiais em educação bilíngue e multicultural, e assim por diante). Uma nova aliança foi constituída, e vem tendo sua influência nas políticas educacionais e sociais aumentada. Esse bloco de poder associa o mundo dos negócios, a Nova Direita e os intelectuais neoconservadores. Seus interesses concentram-se muito pouco na melhoria das oportunidades de vida das mulheres, das pessoas de cor ou da classe trabalhadora. Em vez disso, está empenhado em prover as condições educacionais tidas como necessárias para não só aumentar a competitividade internacional, o lucro e a disciplina, mas também para resgatar um passado romantizado de lar, família e escola "ideais".[20]

O poder dessa aliança pode ser constatado em uma série de políticas e propostas educacionais: 1) programas de "opções", como, por exemplo, planos de vale-educação e créditos fiscais para tornar as escolas parecidas com a idealizadíssima economia de livre mercado; 2) o movimento generalizado, em âmbito nacional e estadual, para "elevar o nível" e para regulamentar, tanto para professores quanto para alunos, "competências", metas e conteúdos curriculares básicos, sobretudo agora, através da implementação dos sistemas de avaliação estaduais e nacionais; 3) os ataques, cada vez mais eficazes, ao currículo escolar por suas "tendências" antifamília e antilivre-empresa, seu humanismo secular, sua falta de patriotismo e seu suposto descaso em relação ao conhecimento e aos valores da "tradição ocidental" e ao "verdadeiro conhecimento"; e 4) a crescente pressão para que as necessidades observadas nas empresas e nas indústrias passem a ser as metas primordiais da escola.[21]

Em essência, a nova aliança a favor da restauração conservadora inseriu a educação em um conjunto mais amplo de compromissos ideológicos. Os seus objetivos para a educação são os mesmos que orientam as suas metas para a economia e o bem-estar social. Entre eles estão a expansão do "livre mercado"; a drástica redução da responsabilidade governamental em relação às necessidades sociais; o reforço de estruturas de mobilidade altamente competitivas; o rebaixamento das expectativas do povo quanto à segurança econômica; e a popularização do que claramente se mostra como uma forma de pensamento social darwinista.[22]

Conforme já argumentei longamente em outra publicação, a Direita política dos Estados Unidos tem tido muito sucesso na mobilização de manifestações *contrárias* ao sistema educacional e a seus empregados, frequentemente exportando a crise da economia para as escolas. Assim, uma de suas principais conquistas foi transferir, para a escola e outros órgãos públicos, a culpa pelo desemprego e subemprego, pela perda de competitividade econômica e pela suposta ruptura dos valores e padrões "tradicionais" da família, da educação e dos locais de trabalho remunerado e não remunerado, culpa essa que cabe às políticas econômicas, culturais e sociais dos grupos dominantes e às suas consequências. O "público" agora tornou-se o centro de tudo o que é ruim; o "privado", o centro de tudo o que é bom.[23]

Fundamentalmente, então, quatro tendências têm caracterizado a restauração conservadora não só nos Estados Unidos, mas também na Grã-Bretanha — privatização, centralização, vocacionalização e diferenciação.[24] Essas tendências são, na verdade, em grande parte, os resultados de diferenças dentro das alas mais poderosas dessa aliança — o neoliberalismo e o neoconservadorismo.

O neoliberalismo defende um Estado fraco. Uma sociedade que deixa a "mão invisível" do livre mercado guiar *todos* os aspectos de suas interações sociais é vista não só como eficiente, mas também como democrática. Por outro lado, o neoconservadorismo orienta-se pela visão de um Estado forte em certas áreas, sobretudo no que se refere à política das relações de corpo, gênero e raça, a padrões, valores e condutas e ao tipo de conhecimento que deve ser transmitido a futuras gerações.[25] Essas duas posições não se acomodam bem juntas, dentro da coalizão conservadora.

Nota-se, portanto, que o movimento direitista é contraditório. Não existe algo paradoxal em juntar todos os sentimentos de perda e nostalgia com a imprevisibilidade do mercado, "em substituir a perda por uma torrente, um fluxo absoluto"?[26]

A contradição entre elementos neoconservadores e neoliberais da coalizão direitista é "resolvida" através de uma política que Roger Dale chamou de *modernização conservadora*.[27] Tal política trata de:

> "libertar" os indivíduos para propósitos econômicos e simultaneamente controlá-los para propósitos sociais; de fato, à medida que a "liberdade" econômica aumenta as desigualdades, é provável que aumente também a necessidade de controle social. Um "Estado pequeno e forte" limita o âmbito de suas próprias atividades transferindo para o mercado, que ele defende e legitima, o máximo possível de responsabilidades sobre o bem-estar social [e outras áreas]. Na educação, a nova crença na competição e na escolha não é inteiramente difundida; em vez disso, "o que se pretende é um sistema duplo, polarizado entre [...] escolas para o mercado e escolas mínimas" (Dale, 1989).[28]

Ou seja, haverá um setor relativamente menos regulamentado e cada vez mais privatizado para os filhos dos privilegiados. Para o resto — e o *status* econômico e a composição racial das pessoas que frequentarão as tais escolas mínimas em nossas áreas urbanas, por exemplo, são totalmente previsíveis — as escolas serão rigidamente controladas e patrulhadas, continuarão a receber poucas verbas e permanecerão sem vinculação com empregos de remuneração decente.

Um dos mais perversos efeitos da combinação de mercadização (*mercadization*) e Estado forte é "a exclusão das políticas educacionais do debate público". Ou seja, a escolha é deixada a cargo de pais ou mães e "o resto fica por conta das consequências não premeditadas". Nesse processo, a própria ideia da educação como parte integrante de uma esfera política pública, em que seus meios e fins sejam publicamente debatidos, acaba atrofiando.[29]

Há uma enorme diferença entre o esforço democrático de ampliar os direitos do povo às políticas e práticas da escolarização e a ênfase neoliberal em torno da mercadização e da privatização. O primeiro visa *a ampliar a política*, "restaurar a prática democrática criando formas de ampliar a discussão pública, o debate e a negociação". Está intrinsecamente baseado em uma visão de democracia como prática educativa. A segunda, por sua vez, busca *conter a política*. O que ela quer é *reduzir toda política à economia*, a uma ética de "escolha" e de "consumo".[30] O mundo torna-se, em essência, um imenso supermercado.

Ampliar o setor privado de tal forma que o comprar e vender — em resumo, a competição — se torne a ética dominante da sociedade envolve um conjunto de proposições intimamente relacionadas. Pressupõe que mais indivíduos estejam motivados a trabalhar mais arduamente sob essa condição. Afinal, "já sabemos" que os servidores públicos são ineficientes e indolentes, ao passo que as empresas privadas são eficientes e vigorosas. Pressupõe que a criatividade seja movida a interesses pessoais e a competitividade. Criam-se então mais conhecimentos e fazem-se mais experimentações para alterar a situação atual. Desse processo resulta menos desperdício. Oferta e procura permanecem em uma espécie de equilíbrio.

Assim, é criada uma máquina mais eficiente, que minimiza custos administrativos e, em última análise, distribui recursos de forma mais ampla.[31]

Claro que a intenção não é simplesmente privilegiar alguns poucos. Entretanto, equivale a dizer que todos os indivíduos, sem exceção, têm o direito de escalar o Monte Eiger ou o Monte Everest, desde que, evidentemente, sejam ótimos alpinistas e disponham dos recursos institucionais e financeiros para fazê-lo.[32]

Assim, em uma sociedade conservadora, o acesso aos recursos privados de uma sociedade (e, lembremo-nos, a tentativa é tornar quase *todos* os recursos da sociedade privados) depende em larga medida da capacidade de pagamento de cada um. E isso, por sua vez, depende de a pessoa pertencer a uma *classe empresarial ou a uma classe com poder aquisitivo*. Por outro lado, os recursos públicos da sociedade (segmento rapidamente declinante) dependem da necessidade.[33] Em uma sociedade conservadora, os primeiros devem ser maximizados, e os segundos, minimizados.

Entretanto, o conservadorismo da Nova Direita, no que se refere a boa parcela de seus argumentos e políticas, não ficou simplesmente baseado em uma determinada visão da natureza humana — a visão de que ela é essencialmente movida a interesses próprios. Foi muito além: começou a degradar essa natureza humana, a forçar todas as pessoas a seguirem o que no início parecia apenas uma possível verdade. Infelizmente, já teve bastante sucesso. Talvez ofuscados por sua própria visão absolutista e reducionista do que significa ser humano, muitos de nossos "líderes" políticos parecem incapazes de reconhecer o que fizeram. Partiram agressivamente para aviltar o caráter de um povo,[34] ao mesmo tempo atacando os pobres e os marginalizados por sua suposta falta de valores e de caráter.

Mas aqui já começo a fazer digressões, não conseguindo disfarçar minha raiva. Espero que me perdoem, mas, se não pudermos nos permitir ficar enraivecidos quando se trata das vidas de nossas crianças, que outro motivo seria justificável?

Currículo, avaliação e cultura comum

Conforme nos aponta Whitty, o que é impressionante nas políticas da coalizão direitista é a sua capacidade de juntar a ênfase nos conhecimentos, valores, autoridade e padrões tradicionais e na identidade nacional defendida pelos neoconservadores com a ênfase na extensão dos princípios derivados do mercado a todas as áreas de nossa sociedade, defendida pelos neoliberais.[35] É assim que um currículo nacional — aliado a rigorosos padrões nacionais e a um sistema de avaliação orientado para o desempenho — se torna capaz de, a um só tempo, objetivar uma "modernização" curricular e uma eficiente "produção" de melhor "capital humano" *e* de representar um anseio nostálgico por um passado romantizado.[36] Quando associado a um programa de políticas voltadas para o mercado, tais como os planos de vale-educação e de "opções", esse sistema nacional de padrões, avaliações e currículos — ainda que intrinsecamente inconsistente — é uma conciliação ideal dentro da coalizão direitista.

Mas, ainda se poderia perguntar: um currículo nacional, aliado a um sistema unificado de avaliação de aproveitamento, não contradiria na prática a concomitante ênfase na privatização e na escolha da escola? Será mesmo possível colocar ambos em prática simultaneamente? Pois afirmo aqui que essa aparente contradição talvez não seja assim tão substancial quanto se poderia esperar. Um dos objetivos de longo prazo de poderosas forças dentro da coalizão conservadora não é necessariamente transferir poder do âmbito local para o centro, embora, para alguns neoconservadores que defendem um Estado forte quando se trata de moralidade, valores e normas, isso possa de fato se aplicar. Ao contrário, tais forças prefeririam descentralizar totalmente esse poder e redistribuí-lo de acordo com as forças de mercado, assim tacitamente marginalizando aqueles que já detêm menos poder, enquanto apelam para a retórica de privilegiar o "consumidor". Em parte, tanto um currículo nacional quanto um sistema de avaliação nacional podem ser vistos como "concessões necessárias na persecução desse objetivo de longo prazo".[37]

Em tempos de perda de legitimidade governamental e de crise nas relações de autoridade educacionais, é preciso que se veja o governo fazendo alguma coisa para elevar os padrões educacionais. Afinal, é exatamente isso o que ele promete oferecer aos "consumidores" de educação. Um currículo nacional é importantíssimo nesse contexto. Seu principal valor está não no suposto estímulo à padronização de metas e conteúdo e de níveis de aproveitamento naquelas matérias curriculares consideradas as mais importantes. É claro que isso não deveria ser totalmente desconsiderado, mas seu principal papel está sim em *prover a estrutura que permitirá o funcionamento do sistema nacional de avaliação*. O currículo nacional possibilita a criação de um procedimento que pode supostamente dar aos consumidores escolas com "selos de qualidade" para que as "forças de livre mercado" possam operar em sua máxima abrangência. Se for para termos um mercado livre na educação, oferecendo ao consumidor um atraente leque de "opções", então o currículo nacional e sobretudo o sistema de avaliação nacional atuarão, em essência, como uma "comissão de vigilância do Estado" para controlar os "excessos" do mercado.[38]

Contudo, sejamos aqui honestos com relação à nossa própria história. Mesmo com a suposta ênfase em avaliações abrangentes e outras formas mais flexíveis de avaliação defendida por algumas pessoas, nada há que justifique a esperança de que o que será finalmente e permanentemente instalado — mesmo que somente em razão do tempo e dos custos — será algo diferente de um sistema massificado e padronizado de provas de lápis e papel.

Por outro lado, também precisamos entender bem a função social de tal proposta. Um currículo nacional pode ser visto como um instrumento para prestação de contas, para ajudar-nos a estabelecer parâmetros a fim de que os pais possam avaliar as escolas. Porém, ele também aciona um sistema em que as próprias crianças serão classificadas e categorizadas como nunca foram antes. Uma de suas funções básicas será atuar como "mecanismo para diferenciação mais rigorosa das crianças segundo normas fixas, *função essa cujos significados e origem social não são explicitados*".[39]

Assim, muito embora os proponentes de um currículo nacional possam vê-lo como meio de criar coesão social e de nos possibilitar melhorar nossas escolas avaliando-as segundo critérios "objetivos", os seus efeitos serão justamente o oposto. Os critérios até poderão parecer objetivos, mas os resultados não o serão, dadas as diferenças de recursos e classe social e a segregação racial. Em lugar de coesão cultural e social, o que surgirá serão diferenças ainda mais acentuadas, socialmente produzidas, entre "nós" e "os outros", agravando os antagonismos sociais e o esfacelamento cultural e econômico delas resultantes. (O mesmo ocorrerá em relação ao atual deslumbramento com a educação voltada para o resultado, nova expressão para velhas versões de estratificação educacional.)

Richard Johnson ajuda-nos a entender os processos sociais que se dão neste contexto.

> Essa nostalgia de "coesão" é interessante, mas a grande ilusão está em supor que todos os educandos — pretos e brancos, classe operária, pobres, classe média, meninos e meninas — receberão o currículo da mesma maneira. Na verdade, ele será lido de diferentes modos, de acordo com a posição desses educandos nas relações sociais e na cultu-

> ra. Um currículo unificado numa sociedade heterogênea não é receita para "coesão", e sim para resistências e para novas divisões. Uma vez que ele sempre se baseia em fundamentos culturais próprios, qualificará os educandos não pelo critério de "capacidade", mas de acordo com a classificação de suas respectivas comunidades culturais segundo os assim considerados "critérios-padrão". Um currículo que não seja "autoexplicativo", irônico ou autocrítico sempre causará esse efeito.[40]

São significativos esses pontos, sobretudo o anseio de que todos os currículos *se expliquem a si mesmos*. Em sociedades complexas como a nossa, marcadas por uma distribuição desigual de poder, o único tipo de "coesão" possível é aquele em que reconheçamos abertamente diferenças e desigualdades. O currículo, dessa forma, não deve ser apresentado como "objetivo". Deve, ao contrário, *subjetivar-se* constantemente. Ou seja, deve "reconhecer as próprias raízes" na cultura, na história e nos interesses sociais que lhe deram origem. Consequentemente, ele não homogeneizará essa cultura, essa história e esses interesses sociais, tampouco homogeneizará os alunos. "Tratamento igual" de sexo, raça, etnia ou classe, de igual nada tem. Um currículo e uma pedagogia democráticos devem começar pelo reconhecimento dos "diferentes posicionamentos sociais e repertórios culturais nas salas de aula, bem como das relações de poder entre eles". Assim, se estivermos preocupados com "tratamento realmente igual" — como acho que devemos estar — devemos fundamentar o currículo no reconhecimento dessas diferenças que privilegiam e marginalizam nossos alunos de formas evidentes.[41]

Foucault lembrou-nos de que, se quisermos compreender como funciona o poder, basta que olhemos para as margens, basta que observemos os conhecimentos, a autocompreensão e a luta daqueles que foram relegados à condição de "os outros" por poderosos grupos desta sociedade.[42] A Nova Direita e seus aliados criaram grupos inteiros desses tais "outros" — pessoas de cor, mulheres que se recusam a aceitar controle alheio sobre suas vidas e corpos, *gays* e lésbicas, os pobres e, bem sei por minha própria experiência, a vibrante cultura da classe trabalhadora (e a lista poderia estender-se). É a partir do reconhecimento dessas diferenças que o diálogo do currículo pode prosseguir. O diálogo nacional começa pela análise concreta e pública de "como estamos diferentemente posicionados na sociedade e na cultura". O que a Nova Direita bloqueia — o conhecimento das margens, de como cultura e poder estão indissoluvelmente unidos — torna-se neste caso um conjunto de recursos indispensáveis.[43]

O currículo nacional proposto naturalmente reconheceria algumas dessas diferenças. Mas, conforme Linda Christian-Smith e eu discutimos em *The politics of the textbook*, ao mesmo tempo em que o currículo nacional serve para parcialmente reconhecer diferenças, serve também para resgatá-las, dentro do suposto consenso em torno do que deveríamos ensinar.[44] É parte de uma tentativa de reinstituir o poder hegemônico que foi abalado pelos movimentos sociais.

A própria ideia de uma cultura comum, em torno da qual deva ser formulado um currículo nacional — conforme a definição dos neoconservadores — é uma forma de política cultural. Em meio à imensa diversidade linguística, cultural e religiosa que é a essência da nossa criatividade e das mudanças contínuas de nossas vidas, vem a política cultural da Direita querer "superar" essa diversidade. Pensando estar reinstituindo, ela está na verdade *inventando* uma cultura comum, praticamente repetindo o que E. D. Hirsch tentou fazer em sua autoparódia sobre o significado de ser letrado.[45] Nos Estados Unidos nunca existiu de fato uma cultura uniforme, mas sim uma versão seletiva, uma tradição inventada que é periodicamente reinstalada (embora de diferentes formas) em tempos de crise econômica e crise nas relações de autoridade, já que ambas constituem ameaça à hegemonia dos grupos cultural e economicamente dominantes.

O aumento de vozes participantes na discussão curricular e as veementes reações da Direita tornam-se cruciais neste contexto. Currículos multiculturais e antirracistas representam ameaças ao programa da Nova Direita, ameaças que questionam a própria essência de sua visão. Em um currículo nacional predominantemente monocultural (que lida com a diversidade colocando o sempre ideológico "nós" como o centro de tudo e em geral mencionando perifericamente "as contribuições" das pessoas de cor, mulheres e "outros"), são fundamentais a manutenção das noções hierárquicas vigentes acerca do que é importante como conhecimento oficial, a restauração dos tradicionais padrões e valores "ocidentais", o retorno a uma pedagogia "disciplinada" (e, poder-se-ia dizer, também predominantemente machista), e assim por diante. Uma ameaça a qualquer desses pilares é também uma ameaça à própria visão de mundo da Direita.[46]

A ideia de uma "cultura comum" — com a roupagem da tradição ocidental romantizada dos neoconservadores (ou mesmo conforme expressada nos anseios de alguns socialistas) — não leva em suficiente conta, portanto, a imensa heterogeneidade cultural de uma sociedade que extrai tradições culturais do mundo inteiro. A tarefa de defender o ensino público como *público*, como merecedor de amplo apoio "por parte de um povo extremamente diverso entre si e profundamente dividido, envolve muito mais do que restauração".[47]

O debate na Inglaterra é semelhante. Um currículo nacional é visto pela Direita como essencial para evitar o relativismo. Para muitos de seus proponentes, um currículo unificado deve basicamente transmitir a "cultura comum" e a alta cultura que dela se originou. Qualquer outra coisa resultará em incoerência, em ausência de cultura, em "vazio", simplesmente. Desse modo, uma cultura nacional é "definida em termos excludentes, nostálgicos e frequentemente racistas".[48]

A análise de Richard Johnson acerca da questão comprova sua lógica social:

> Em formulações como essas, pensa-se em cultura como um modo de vida ou tradição homogêneos, e não como um campo de diferenças, relações e poder. Não se reconhece a real diversidade das culturas e orientações sociais existentes em um país, estado ou povo. Contudo, institui-se uma versão seletiva de cultura nacional como condição absoluta para qualquer identidade social. Os empréstimos, misturas e fusões de elementos de diferentes sistemas culturais, prática corriqueira no cotidiano de sociedades como [a

> nossa], são impensáveis dentro dessa estrutura, ou são vistos como uma espécie de desordem ou transgressão cultural que nada produzirá além de um vazio. Portanto, há que se "escolher" entre [...] uma cultura nacional ou absolutamente nenhuma cultura.[49]

O subtexto racial aqui talvez esteja camuflado, mas mesmo assim está presente de formas significativas.[50]

Há ainda muitas outras considerações que poderiam ser feitas. Entretanto, uma coisa está perfeitamente clara: o currículo nacional é um mecanismo para o controle político do conhecimento.[51] Uma vez instituído, haverá muito pouca chance de voltar atrás. Ele poderá até sofrer mudanças em função dos conflitos gerados pelo seu conteúdo, mas é justamente em sua instituição que reside sua tática política. *Somente reconhecendo sua lógica essencial do falso consenso e, sobretudo, sua indubitável petrificação no futuro; à medida que se vincule a um sistema massificado de avaliação nacional, é que poderemos compreender inteiramente esse fato*. Quando a ele se associam os outros itens da pauta da Direita — a mercadização e a privatização — há motivo suficiente para nos fazer parar e pensar, especialmente tendo em vista as cada vez mais poderosas conquistas conservadoras nos âmbitos local, regional e estadual.

Quem ganhará?

Fica ainda uma pergunta final, à qual já fiz breve alusão no início. Uma vez que os esforços para "reformar" nosso sistema educacional, bem como suas políticas e práticas de currículo, de ensino e de avaliação, são em grande parte liderados pela coalizão direitista, precisamos sempre perguntar "De quem são essas reformas?" e "Quem ganhará com elas?"

Essa é sem dúvida uma reforma barata. Quando faltam recursos humanos e materiais, um sistema de currículos e avaliações nacionais só pode ratificar e exacerbar as diferenças de sexo, raça e classe social. Assim, em um momento em que a crise fiscal na maioria de nossas áreas urbanas já é tão aguda a ponto de as aulas estarem sendo dadas em ginásios de esportes e corredores; em que muitas escolas não dispõem de verbas suficientes nem para se manterem abertas durante os 180 dias letivos; em que os prédios escolares estão literalmente desabando diante de nossos olhos;[52] em que, em algumas cidades, três salas de aula do primeiro grau precisam dividir os mesmos livros[53] — e poderia ainda ampliar esse quadro — é simplesmente uma fantasia supor que sistemas de avaliação mais padronizados e diretrizes para currículos unificados sejam a solução. Diante do esfacelamento da infraestrutura econômica dessas mesmas cidades, devido à evasão de capital; diante dos quase 75% de desemprego entre os jovens, em muitas delas, diante da precariedade da assistência à saúde, diante de vidas quase sempre destituídas de esperança de mobilidade social, enterradas naquilo que poderia ser qualificado como pornografia da pobreza, diante de tudo isso, imaginar que a fixação de parâmetros curriculares baseados em problemáticas visões culturais e sistemas mais rigorosos de avaliação fará mais do que simplesmente rotular alunos pobres de uma forma aparentemente mais neutra, é igualmente demonstrar uma visão equivocada de toda a situação. O sistema, uma vez implantado, fará com que se coloque mais culpa sobre os ombros de alunos e pais pobres e, sobretudo, sobre as escolas que frequentam. Sua implantação será também caríssima. Surgem então os tais planos de vale-educação e de "opções", com aprovação pública ainda maior.

A análise que Basil Bernstein faz das complexidades desta situação e de suas consequências é bastante útil aqui. Diz ele que "as práticas pedagógicas do novo vocacionalismo [neoliberalismo] e da velha autonomia do conhecimento [neoconservadorismo] representam um conflito entre duas ideologias elitistas distintas, uma delas baseada na hierarquia de classes do mercado e a outra baseada na hierarquia do conhecimento e seus partidários de classes".[54] Quaisquer que sejam as oposições entre as práticas pedagógico-curriculares orientadas para o mercado e as orientadas para o conhecimento, as atuais desigualdades de raça, sexo e classe provavelmente serão reproduzidas.[55]

O que ele denomina "pedagogia autônoma visível" — baseada em padrões abertamente explicitados e modelos altamente estruturados de ensino e avaliação — justifica-se pelo seu próprio mérito intrínseco. O valor de aquisição da chamada "tradição ocidental" está em seu *status* fundamental em relação a "tudo quanto mais prezamos" e nas normas e regulamentos que ela incute nos alunos.

> Sua arrogância está na reivindicação de elevados motivos morais e de superioridade de sua cultura, na sua indiferença às consequências de sua própria estratificação, na presunção de sua falta de relação com qualquer outra coisa exceto ela própria, na sua abstrata autonomia autorreferencial.[56]

Seu pretenso oposto — baseado no conhecimento, nas habilidades e nas aptidões "exigidas" pelas empresas e indústrias, e que procura orientar a educação escolar segundo os princípios de mercado — é na verdade uma formulação ideológica muito mais complexa:

> Incorpora um pouco da crítica à pedagogia autônoma visível [...] da crítica ao fracasso da escola urbana, à passividade dos pais e ao *status* inferior [a eles concedido], ao tédio [...] dos alunos e seu consequente distanciamento e rejeição a currículos sem sentido para eles, aos procedimentos de avaliação que dão mais importância a um fracasso relativo do que à força positiva do aprendiz. Mas absorve essas críticas incorporando-as em um novo discurso: um novo Jano pedagógico [...] O compromisso explícito com a ampliação das opções pelos pais [...] não é uma homenagem à democracia participativa, e sim uma fina casca que esconde a velha estratificação das escolas e dos currículos.[57]

Estarão corretas as conclusões de Bernstein? A combinação de currículos e sistemas de avaliação nacionais com privatização levará realmente ao distanciamento de processos e resultados democráticos? Para responder a essa pergunta, é necessário que olhemos não para o Japão (para onde muitas pessoas infelizmente insistiram que olhássemos), mas para a Grã-Bretanha, onde essa combinação de propostas está muito mais avançada.

Na Grã-Bretanha, já há atualmente considerável evidência de que os efeitos globais das várias políticas orientadas para o mercado introduzidas pelo governo direitista *não* representam um pluralismo genuíno, nem a "interrupção [de] modalidades tradicionais de reprodução social". Bem ao contrário disso, elas poderão é estar criando "um verniz legitimador para a perpetuação de velhas formas de desigualdade organizada".[58] O fato de um de seus principais efeitos ter sido a perda de poder e de qualificação de grandes contingentes de professores tampouco é irrelevante.[59]

Avançando um pouco mais, Edwards, Gewirtz e Whitty chegaram a conclusões semelhantes. Fundamentalmente, a preocupação da Direita com tais políticas impede que se percebam seus efeitos sobre aqueles (provavelmente a maioria) que serão deixados para trás.[60]

Dessa forma, é realmente possível — até mesmo provável — que as formas de abordagem da educação voltadas para o mercado (mesmo quando associadas a um Estado forte em relação a um sistema de currículo e avaliação nacionais) exacerbem as já existentes e bastante amplas divisões de classe e raça. No novo mercado educacional, "liberdade" e "escolha" serão apenas para os que tiverem condições e recursos. "Diversidade" em educação será apenas uma palavra mais elegante para a condição de *apartheid* educacional.[61]

Reflexões à guisa de conclusão

Fui bastante negativo em minhas considerações sobre este tema. Meu argumento é que a política do conhecimento oficial — neste caso, propostas que andam por aí para introdução de um currículo nacional e um sistema de avaliação nacional — não pode ser inteiramente compreendida de forma isolada. Todo esse contexto precisa ser ressituado em uma dinâmica ideológica maior, na qual se verifica uma tentativa, empreendida por um novo bloco hegemônico, de transformar nossas próprias ideias acerca das finalidades da educação. Essa transformação envolve um brutal desvio — que faria Dewey estremecer — no qual a democracia deixa de ser um conceito político para se tornar um conceito econômico, e no qual a ideia de bem público é sepultada de vez.

Mas, talvez, eu tenha sido demasiado negativo. Talvez haja boas razões para apoiar currículos e sistemas de avaliação nacionais, mesmo da forma como atualmente estão constituídos, *precisamente em função* do poder da coalizão direitista.

É possível, por exemplo, afirmar que, *somente* instituindo um sistema de currículo e avaliação nacionais, seremos capazes de deter a fragmentação que virá em consequência da porção neoliberal do projeto direitista. Somente um sistema como esse protegeria precisamente a ideia de uma escola *pública,* protegeria associações de professores que, em um sistema privatizado e mercadizado, perderiam boa parte de seu poder, protegeria crianças pobres e crianças de cor contra as vicissitudes do mercado. Afinal, para começar, foi o "livre mercado" que provocou a pobreza e a destruição da comunidade que elas hoje vivenciam.

É também possível sustentar, como fez Geoff Whitty no caso britânico, que o próprio currículo nacional estimula um intenso debate público acerca do "conhecimento de quem" é declarado oficial, além de encorajar a formação de coalizões progressistas, que, passando por cima de muitas diferenças, se posicionem contra tais definições de conhecimento legítimo patrocinadas pelo Estado.[62] Ele poderia ser o veículo para o *retorno* do aspecto político que a Direita tanto deseja eliminar de nosso discurso público e que os *experts* em eficiência desejam transformar em mera preocupação técnica.

Assim, é bastante possível que a instituição de um currículo nacional desencadeie a união de grupos oposicionistas e oprimidos. Tendo em vista a atual fragmentação dos movimentos educacionais progressistas e um sistema de financiamento e administração escolar que força grupos a se concentrarem principalmente na esfera local ou estadual, uma das funções de um currículo nacional poderia ser a aglutinação de grupos em torno de uma pauta comum. Em decorrência, poderia surgir um movimento *nacional* por uma visão mais democrática da reforma escolar.

Em muitos sentidos — e digo isso com toda a seriedade — temos para com os conservadores íntegros (e existem muitos deles) uma dívida de gratidão, de uma forma peculiar. Foi a sua percepção de que as questões curriculares não se restringem apenas ao campo técnico, metodológico, que ajudou a estimular o atual debate. Nas muitas décadas em que tantas mulheres, pessoas de cor e organizações de trabalhadores (grupos esses obviamente não excludentes entre si) lutaram para fazer com que esta sociedade reconhecesse a tradição seletiva que está imiscuída no conhecimento oficial, os seus movimentos foram com frequência (embora nem sempre) silenciados, ignorados ou cooptados nos discursos dominantes.[63] O poder da Direita — em sua contraditória tentativa de instituir uma cultura comum nacional, de contestar o que está sendo ensinado atualmente e de tornar essa cultura parte integrante de um imenso supermercado de opções, tornando-nos dessa forma insensíveis à política cultural — fez com que não fosse mais possível ignorar a política do conhecimento oficial.

Deveríamos, pois, apoiar um sistema nacional de currículo e avaliação para coibir a onda de total privatização e mercadização? Nas atuais condições, não acho que o risco compense — não só pelo seu enorme potencial destrutivo a longo e a curto prazos, mas também porque penso que ele interpreta equivocadamente e reifica a questão de um currículo e de uma cultura comuns...

Conforme observei logo no início, vivemos em uma sociedade com vencedores e perdedores identificáveis. Futuramente, poderemos dizer que os perdedores fizeram más "opções de consumo" e que é assim mesmo que funcionam os mercados, afinal de contas. Mas será realmente esta sociedade apenas um vasto mercado?

Como indaga Whitty: em uma época em que tantas pessoas descobriram, a partir de suas experiências cotidianas, que as supostas "grandes narrativas" de progresso são um grande engodo, tem sentido cair em outra grande narrativa, a do mercado?[64] Os resultados dessa "narrativa" estão aí visíveis todos os dias, na destruição de nossas comunidades e de nosso meio ambiente, no crescente racismo da sociedade, nos rostos e corpos de nossas crianças, que veem o futuro e perdem a esperança.

Muitas pessoas conseguem dissociar-se de tais realidades. Há um distanciamento quase patológico entre os ricos.[65] Entretanto, como pode alguém não se indignar moralmente diante do fosso cada vez maior entre ricos e pobres, diante da persistência da fome e da falta de habitação, da ausência fatal de assistência médica, das degradações da pobreza? Fossem *esses* os temas centrais (sempre com autocrítica e constante subjetivação) de um currículo nacional — mas, então, como poderia ele ser testado com eficiência e baixo custo, e como poderia a Direita controlar seus meios e fins? —, talvez tal currículo até valesse a pena. Mas enquanto isso não acontecer, podemos tomar emprestado um *slogan* da Direita que se tornou popular em um outro contexto e aplicá-lo à sua pauta educacional. Qual é esse *slogan*? "Simplesmente diga não."

Notas

Este trabalho foi apresentado em palestra denominada *The John Dewey Lecture*, promovida pela *John Dewey Society* e pela *American Educational Research Association* (AERA), na cidade de São Francisco, Califórnia, EUA, em abril de 1992. Gostaria de agradecer a Geoff Whitty, Roger Dale, James Beane e ao Friday Seminar da Universidade de Wisconsin, Madison, por suas importantes críticas e sugestões.

1. Ver Basil Bernstein, *Class, codes and control* (Nova York: Routledge, 1977 v. 3) e Michael W. Apple, "Social Crisis and Curriculum Accords". *Educational Theory*, n. 38, p. 191-201, primavera de 1988.

2. Pierre Bourdieu, *Distinction* (Cambridge: Harvard University Press, 1984. p. 7).

3. Ibidem, p. 5-6.

4. Ibidem, p. 2.

5. Geoff Whitty, *Education, economy and nacional culture* (Milton Keynes, Open University Press, 1992. p. 24).

6. Ver Apple, *Teachers and texts* e Michael W. Apple e Linda Christian-Smith, eds., *The politics of the textbook* (Nova York: Routledge, 1990).

7. Ibidem.

8. Ver Michael W. Apple, "American Realities: Poverty, Economy and Education". In: WEIS, Lois; FARRAR Eleanor; PETRIE, Hugh (Eds.). *Dropouts from school* (Albany: State University of New York Press, 1989, p. 205-223); DANZINGER, Sheldon; WEINBERG, Daniel (Eds.). *Fighting poverty* (Cambridge: Harvard University Press, 1986); e BURTLESS, Gary (Ed.). *A future of lousy jobs?* (Washington: The Brooking Institution, 1990).

9. Ver, por exemplo, Stephen Jay Gould, *The mismeasure of man* (Nova York: W. W. Norton, 1981). Críticas feministas à ciência são essenciais a esta tarefa. Ver, por exemplo, HARAWAY, Donna. *Primate visions* (New York: Routledge, 1989); HARDING, Sandra; BARR, Jean F. (Eds.). *Sex and scientific inquiry* (Chicago: University of Chicago Press, 1987); TUANA, Nancy (Ed.). *Feminism and science* (Bloomington: Indiana University Press, 1989); e HARDING, Sandra. *Whose science, whose knowledge?* (Ithaca: Cornell University Press, 1991).

10. Marshall S. Smith, Jennifer O'Day e David K. Cohen, "Nacional Curriculum, American Style: What Might It Look Like?". *American Educator*, n. 14, p. 10-17, 40-47, inverno de 1990.

11. Ibidem, p. 46.

12. Ibidem.

13. Ibidem.

14. Ibidem.

15. Ted Honderich, *Conservatism* (Boulder: Westview Press, 1990. p. 1).

16. Ibidem, p. 14.

17. Ibidem, p. 15.

18. Ver Michael W. Apple. *Official knowledge* (Nova York: Routledge, 1993).

19. Grafei a palavra "minoria" aqui entre aspas para que nos lembremos de que a grande maioria da população mundial é composta de pessoas de cor. Seria bastante salutar para nossas ideias sobre cultura e educação termos em conta esse fato.

20. Apple, *Official knowledge*.

21. Apple, *Teachers and texts* e Apple, *Official knowledge*.

22. Ann Bastian, Norm Fruchter, Marilyn Gittell, Colin Green e Kenneth Haskins, *Choosing equality* (Filadélfia: Temple University Press, 1986).

23. Ver Michael W. Apple, *Education and power* (Nova York: Routledge, ARK Edition, 1985).

24. Andy Green, "The peculiarities of English education". In: EDUCATION GROUP II (Eds.). *Education limited* (Londres: Unwin Hyman, 1991. p. 27).

25. Allen Hunter, *Children in the service of conservatism* (Madison: Universidade de Wisconsin — Escola de Direito Madison, Instituto de Estudos Legais, 1988). O neoliberalismo na verdade não ignora a ideia de um Estado forte, mas quer limitá-lo a determinadas áreas (por exemplo, proteção de mercados).

26. Richard Johnson, "A New Road to Serfdom?". In: EDUCATION GROUP II (Eds.). *Education Limited*, p. 40.

27. Citada em Tony Edwards, Sharon Gewirtz e Geoff Whitty, "Whose Choice of Schools?". In: ARNOT, Madeleine; BARTON, Len (Eds.). *Voicing concerns*: sociological perspectives on contemporary educational reforms (Londres: Triangle Books, 1992. p. 156).

28. Ibidem, p. 156-157. A fonte de citação dos autores é Roger Dale, "The Thatcherite Project in Education", *Critical Social Policy*, n. 9, n. 3, 1989.

29. "Introduction to Part Three — Alternatives: public education and a new professionalism". In: EDUCATION GROUP II (Eds.). *Education Limited*, p. 268.

30. Johnson, "A new road to serfdom?", p. 68.

31. Honderich, *Conservatism*, p. 104.

32. Ibidem, p. 99-100.

33. Ibidem, p. 89.

34. Ibidem, p. 81.

35. Whitty, *Education, economy and national culture*, p. 25.

36. Ibidem.

37. Green, "The peculiarities of English education", p. 29.

38. Ibidem. Estou fornecendo aqui uma explicação "funcional", e não necessariamente "intencional". Ver Daniel Liston, *Capitalist schools* (Nova York: Routledge, 1988). Para conhecer uma interessante discussão de como tais programas de avaliação poderão na prática atuar contra esforços mais democráticos por uma reforma escolar, ver Linda Darling-Hammond, "Bush's Testing Plan Undercuts School Reforms", *Rethinking Schools* 6 (mar./abr. 1992, p. 18).

39. Johnson, "A new road to serfdom?", p. 79.

40. Ibidem, p. 79-80.

41. Ibidem, p. 80. Ver também Elizabeth Ellsworth, "Why Doesn't This Feel Empowering?", *Harvard Educational Review*, n. 59, p. 297-324, ago. 1989.

42. Ver Steven Best e Douglas Kellner, *Postmodern theory*: critical interrogations (Londres: Macmillan, 1991. p. 34-75).

43. Richard Johnson, "Ten Theses on a Monday Morning". In: EDUCATION GROUP II (Eds.). *Education Limited*, p. 320.

44. Ver Apple e Christian-Smith, *The politics of the textbook*; Apple, *The official knowledge*; e Whitty, *Education, economy and national culture*, p. 28.

45. Johnson, "Ten theses on a Monday morning", p. 319. Ver E. D. Hirsch, Jr., *Cultural Literacy* (Nova York: Houghton-Mifflin, 1986).

46. Johnson, "A new road to serfdom?", p. 51. Ver também Susan Rose, *Keeping them out of the hands of Satan* (Nova York: Routledge, 1988).

47. "Preface", EDUCATION GROUP II, *Education Limited*, p. x.

48 Johnson, "A new road to serfdom?", p. 71.

49. Ibidem.

50. Para conhecer uma análise mais completa de subtextos raciais em nossas políticas e práticas, ver Michael Omi e Howard Winant, *The formation in the United States* (Nova York: Routledge, 1986).

51. Johnson, "A new road to serfdom?", p. 82.

52. Ver Apple, *Official knowledge*.

53. Ver os pungentes relatos de Jonathan Kozol, *Savage inequalities* (Nova York: Crown Publishers, 1991).

54. Basil Bernstein, *The structuring of pedagogic discourse*: class codes and control (Nova York: Routledge, 1990. v. 4, p. 63).

55. Ibidem, p. 64.

56. Ibidem, p. 87.

57. Ibidem.

58. Geoff Whitty, *Recent education reform*: is it a post-modern phenomenon?, trabalho não publicado, apresentado na Conferência sobre Reprodução, Desigualdade Social e Resistência, Universidade de Bielefeld, Bielefeld, Alemanha, 1º a 4 de outubro de 1991. p. 20-21.

59. Comparar esse fato com a experiência dos Estados Unidos *in*: Michael W. Apple e Susan Jungck, "You Don't Have to Be a Teacher to

Teach This Unit", *American Educational Research Journal*, n. 27, p. 227-251, verão de 1990.

60. Edwards, Gewirtz e Whitty, "Whose choice of schools?", p. 151.

61. Green, "The peculiarities of English education", p. 30. Para conhecer maiores comentários sobre os efeitos ideológicos, sociais e econômicos de tais planos "de opções", ver Stan Karp, "Massachusetts 'Choice' Plan Undercuts Poor Districts", *Rethinking Schools*, n. 6, p. 4, mar./abr. 1992; e Robert Lowe, "The Illusion of 'Choice'", *Rethinking Schools*, n. 6, p. 1, 21-23, mar./abr. 1992.

62. Geoff Whitty, correspondência pessoal. Andy Green, no caso inglês, também argumenta no sentido de haver méritos na instituição de um currículo nacional de *ampla definição*, mas vai além ao dizer que isso faz com que seja ainda mais indispensável que cada escola mantenha um alto grau de controle sobre sua implementação, "sobretudo no sentido de coibir o uso da educação pelo Estado como meio de promover determinada ideologia". Ver Green, "The Peculiarities of English Education", p. 22. O fato de uma grande parte dos professores da Inglaterra ter literalmente entrado em greve — recusando-se a aplicar o exame nacional — de certa forma confirma os argumentos de Whitty.

63. Ver Apple e Christian-Smith, *The politics of the textbook*.

64. Whitty, *Education, economy and national culture*, p. 22.

65. Ver a discussão. In: KOZOL, *Savage inequalities*.

CAPÍTULO 4

Cultura popular e pedagogia crítica: a vida cotidiana como base para o conhecimento curricular

Henry A. Giroux
Roger Simon

Na última década, o discurso educacional na América do Norte concentrou-se essencialmente em duas questões conexas. De um lado, a reforma educacional foi associada aos imperativos das grandes empresas. Sob essa perspectiva, as escolas passaram a ser áreas de treinamento para diferentes setores da força de trabalho; passaram a ser vistas como provedoras dos conhecimentos e das habilidades ocupacionais necessárias à expansão da produção interna e do investimento externo. Essa ótica associa a escolarização às exigências de uma formação tecnocrática e especializada. Sua ofensiva é por natureza menos ideológica e mais tecnicista e instrumental. De outro lado, testemunhou-se, ao final da década de 80, uma surpreendente ascensão da ala culturalista da Extrema Direita, especialmente nos Estados Unidos. Essa guinada ideológica na ofensiva conservadora foi legitimada e sustentada nos Estados Unidos principalmente através da influência de William Bennett, o secretário de Educação do ex-presidente Reagan, a partir de 1985. Bennett ampliou a definição de escolarização que os conservadores tinham ao reafirmar sua supremacia como guardiã da civilização ocidental. Sob a bandeira da excelência, Bennett promoveu uma versão oitocentista de elitismo, apelando para uma "tradição ocidental" de definição restrita, transmitida através de uma pedagogia livre das incômodas preocupações com equidade, justiça social ou a necessidade de formar cidadãos críticos.

Ao redefinir a finalidade da educação e a natureza do trabalho do professor, Bennett armou o cenário para uma série de investidas ideológicas contra visões liberais e radicais da escolarização. Nesse discurso conservador renovado, os alvos são a modernidade, a democracia, a diversidade e, acima de tudo, o relativismo. As tradições ocidentais clássicas, segundo essa ótica, estão sendo cercadas de todos os lados pelo relativismo. Alega-se que ele está se alastrando descontroladamente, sendo sua influência notada em várias disciplinas acadêmicas; nos movimentos sociais de protesto estudantil; na crescente diversidade cultural e étnica dos Estados Unidos; e na crescente esfera da cultura popular, que é vista como uma perigosa ameaça às noções de ordem e civilidade.

Embora defendam diferentes aspectos da agenda conservadora para a educação, aquelas duas posições têm um denominador político-ideológico comum. As escolas seriam uma forma particular de vida organizada com o objetivo de produzir e legitimar os interesses econômicos e políticos das elites empresariais, ou o privilegiado capital cultural dos grupos da classe dominante. Mais importante ainda: ambas as posições representam um ataque à noção de cultura como uma esfera pública, na qual os princípios fundamentais e as práticas da democracia são aprendidos em meio a lutas, diferenças e diálogo. Do mesmo modo, ambas as posturas legitimam formas de pedagogia que negam as vozes, experiências e histórias pelas quais os estudantes dão sentido ao mundo e, assim procedendo, costumam reduzir a aprendizagem à dinâmica da transmissão e da imposição.

Queremos intervir nesse debate afirmando que a escola é um território de luta e que a pedagogia é uma forma de política cultural. Em ambos os casos, queremos defender o argumento de que as escolas são formas sociais que ampliam as capacidades humanas, a fim de habilitar as pessoas a intervir na formação de suas próprias subjetividades e a serem capazes de exercer poder com vistas a transformar as condições ideológicas e materiais de dominação em práticas que promovam o fortalecimento do poder social e demonstrem as possibilidades da democracia. Queremos argumentar a favor de uma pedagogia crítica que leve em conta como as transações simbólicas e materiais do cotidiano fornecem a base para se repensar a forma como as pessoas dão sentido e substância ética às suas experiências e vozes. Não se trata de um apelo a uma ideologia unificadora que sirva de instrumento para a formulação de uma pedagogia crítica; trata-se, sim, de um apelo a uma política da diferença e do fortalecimento do poder, que sirva de base para o desenvolvimento de uma pedagogia crítica através das vozes e para as vozes daqueles que são quase sempre silenciados. Trata-se de um apelo para que se reconheça que, nas escolas, os significados são produzidos pela construção de formas de poder, experiências e identidades que precisam ser analisadas em seu sentido político-cultural mais amplo.

Tendo em mente essas questões, queremos destacar a importância de uma pedagogia crítica por meio da análise de suas relações potencialmente transformadoras com a esfera da cultura popular. Em nossa visão, a cultura popular representa não só um contraditório terreno de luta, mas também um importante espaço pedagógico em que são levantadas relevantes questões sobre os elementos que organizam a base da subjetividade e da experiência do aluno.

À primeira vista, pode parecer remota a relação entre a cultura popular e a pedagogia aplicada à sala de aula. A cultura popular é organizada em torno do prazer e da diversão, enquanto a pedagogia é definida principalmente em termos instrumentais. A cultura popular situa-se no terreno do cotidiano, ao passo que a pedagogia geralmente legitima e transmite a linguagem, os códigos e os valores da cultura dominante. A cultura popular é apropriada pelos alunos e ajuda a validar suas vozes e experiências, enquanto a pedagogia valida as vozes do mundo adulto, bem como o mundo dos professores e administradores de escolas.

Além dessas diferenças, há uma semelhança fundamental entre cultura popular e pedagogia que necessita ser enunciada: ambas existem enquanto discursos subordinados (Grossberg, 1986). Para liberais, como para radicais, a pedagogia é frequentemente teorizada como o que vem depois da determinação do conteúdo do currículo. E o que se segue à seleção do conteúdo ideologicamente correto e que tem sua legitimidade baseada no fato de representar ou não o estilo adequado de ensino. No discurso dominante, a pedagogia é simplesmente a metodologia mensurável e justificável usada para transmitir o conteúdo de um curso. Não é um elemento reciprocamente determinante na construção do conhecimento e da aprendizagem, mas uma pós-intervenção reduzida à categoria técnico-instrumental. De modo análogo, apesar da profusão de estudos culturais publicados na última década, o discurso dominante ainda define a cultura popular como o que sobra após a subtração da alta cultura da totalidade das práticas culturais. Ela é vista como o banal e o insignificante da vida cotidiana, e geralmente é uma forma de gosto popular considerada indigna de legitimação acadêmica ou alto prestígio social.

O discurso dominante, em resumo, deprecia a pedagogia enquanto forma de produção cultural, assim como também menospreza a cultura popular. Desnecessário dizer que a cultura popular, embora seja em geral ignorada nas escolas, não é uma força insignificante na formação da visão que o aluno tem de si mesmo e de suas relações com diversas formas de pedagogia e de aprendizagem. Na verdade, é precisamente quando pedagogia, e cultura popular se relacionam que surge a importante compreensão do significado de tornar o pedagógico mais político e o político mais pedagógico. A cultura popular e a pedagogia representam importantes terrenos de luta cultural que oferecem não apenas discursos subversivos, mas também relevantes elementos teóricos que possibilitam repensar a escolarização como uma viável e valiosa forma de política cultural.

Pedagogia e produção de conhecimento

A *pedagogia* é um esforço deliberado para influenciar os tipos e os processos de produção de conhecimentos e identidades em meio a determinados conjuntos de relações sociais e entre eles. Pode ser entendida como uma prática pela qual as pessoas são incitadas a adquirir determinado "caráter moral". Constituindo a um só tempo atividade política e prática, tenta influir na ocorrência e nos tipos de experiências. Quando se pratica pedagogia, age-se com a intenção de criar experiências que, de determinadas maneiras, irão estruturar e desestruturar uma série de entendimentos de nosso mundo natural e social. O que estamos enfatizando aqui é que a pedagogia é um conceito que enfoca os processos pelos quais se produz conhecimento.

Tal ênfase não diminui nem um pouco a preocupação da pedagogia com "o que" deve ser feito. Conceito amplo e complexo, a *pedagogia* tem preocupações que abrangem a integração, na prática, de certo conteúdo e modelo de organização curricular, estratégias e técnicas didáticas, tempo e espaço para a prática dessas estratégias e técnicas, bem como propósitos e métodos de avaliação. Todos esses aspectos da prática educacional aparecem juntos nas relações que acontecem nas salas de aula.

Mas o discurso da pedagogia centra-se também em outro aspecto. Enfatiza que a realidade concreta das salas de aula permite perceber como o trabalho de um professor, em um contexto institucional, determina qual tipo de conhecimento vale mais, para qual direção deveríamos voltar nossos desejos, o que significa saber alguma coisa e, finalmente, como poderíamos formular representações de nós mesmos, dos outros e de nosso ambiente físico e social. Em outras palavras, a pedagogia diz respeito, a um só tempo, às práticas em que alunos e professores podem juntos engajar-se *e* à política cultural que está por trás delas. É nesse sentido que propor uma pedagogia é formular uma visão política.

A educação baseada em uma pedagogia crítica procura questionar de que forma podemos trabalhar para a reconstrução da imaginação social em benefício da liberdade humana. Que noções de saber e que formas de aprender são necessárias para tal projeto. Faz-se indispensável uma educação baseada na visão de que a liberdade humana envolve a compreensão da necessidade e a transformação dessa necessidade. Precisamos de uma pedagogia cujos padrões e objetivos a serem alcançados sejam determinados em conformidade com metas de visão crítica e de ampliação das capacidades humanas e possibilidades sociais. Isso significa que o ensinar e o aprender devem estar associados aos objetivos da educação do estudante: compreender por que as coisas são como são e como vieram a se tornar assim; tornar o familiar estranho e o estranho familiar (Clifford, 1981; Clifford e Marcus, 1986; McLaren, 1987); correr riscos e lutar contra as relações de poder vigentes, a partir de uma cultura moral que valoriza a vida; assim como visualizar um mundo que "ainda" não está em ordem, para ampliar as possibilidades de melhoria das condições de vida (Giroux, 1988; Simon, 1987).

Educação e conceito do popular

O desenvolvimento de estudos culturais nas duas últimas décadas gerou um forte interesse pelo conceito de 'cultura popular' e estimulou, consequentemente, uma série de importantes esforços para teorizar a ideia do "popular". Tendo em vista nossa preocupação específica com a cultura popular e sua relação com a pedagogia, é importante olhar mais para trás e reconhecer que, há bem mais de um século, aqueles que controlavam a pauta da escolarização pública, então em discussão, estavam implícita, senão explicitamente, teorizando uma noção do popular que desde então tem sido predominante na prática escolar.

Na fase de nascimento da Confederação Canadense (1860-1875), Egerton Ryerson, planejador social e líder do então emergente sistema de escolas públicas da província de Ontário, falava e escrevia contra uma forma específica de expressão do "popular". Dirigindo-se a educadores, ele alertava contra a "literatura ordinária e positivamente perniciosa que se encontra tão largamente difundida pelo país afora na forma de [...] folhetins novelescos" (Ryerson, 1868, p. 72). Estava ele convencido de que a leitura desse material ajudaria a enfraquecer os "laços do Canadá com a mãe-pátria" e que os funcionários da fronteira Estados Unidos-Canadá deveriam interceptar as "obscenas" e "sórdidas" publicações "atualmente tão abundantes nos Estados Unidos". Ryerson achava que "pessoas que leem pouco ou leem somente ordinários romancezinhos fugazes fariam melhor se nada lessem". Ele reclamava que "as obras mais populares e mais folheadas em qualquer de nossas salas públicas de leitura são invariavelmente aquelas que menos valor têm — e, poderíamos dizer, as mais perigosas" (Ryerson, 1870, p. 53).

Aquilo a que Ryerson se referia não era nenhum material semelhante às publicações pornográficas de hoje em dia. Tratava-se de publicações relativamente baratas de contos e romances permeados de expressões do vernáculo local e de "ideias republicanas". Foi em um contexto como esse que Ryerson criticou, por exemplo, *Tom Sawyer*, de Mark Twain (Morgan, 1987). O que está em questão em posturas como a de Ryerson não é simplesmente uma tentativa de uma definição estética — uma questão, por exemplo, de enunciar as características que distinguem a cultura "superior" da cultura "inferior" ou cultura "popular". Ao contrário, em função do atual controle sobre o campo social por indivíduos que expressam ideias semelhantes às de Ryerson, o que está fundamentalmente em questão é: qual conjunto de formas culturais será reconhecido como substância legítima da escolarização provida pelo Estado? Em outras palavras, em que medida a escolarização pública será usada como instrumento de regulação moral? Trata-se aqui de uma questão extremamente básica, uma questão de qual visão de relações sociais futuras um sistema de escolas públicas irá apoiar. Tais visões sempre foram definidas para a maioria por uma minoria. Examinando-se o que foi excluído e o que foi exigido nos currículos oficiais de inúmeros países, percebe-se com clareza que tais decisões foram dialeticamente estruturadas a partir de relações desiguais e injustas. Com efeito, a invectiva de Ryerson contra o popular foi lançada a partir da suposta superioridade e natural domínio que ele associava à sua classe social, ao seu sexo e à sua raça.

O popular tem sido visto com frequência pelos educadores como agente potencialmente perturbador de relações de poder vigentes. Tem sido visto não só como ameaça, mas também como desejo profano, isto é, tanto como subversivo em sua capacidade de reconstruir os investimentos em significados e desejos, como perigoso em seu potencial de fazer com que se vislumbrem práticas sociais e formas populares que afirmem tanto a diferença como diferentes modos de vida (Rockhill, 1987). O ano de 1988 não interrompeu essa tendência. O livro de Allan Bloom mais vendido nos Estados Unidos, *The Closing of the American mind* ("O estreitamento da mentalidade americana"), argumenta que a cultura popular, especialmente o *rock*, causou a atrofia do vigor e da inteligência da juventude americana. O *rock*, e mais genericamente a cultura popular, representam, na visão de Bloom, um selvagem apelo ao desejo sexual. Para não ser condenado por esse *insight*, Bloom aprofunda sua argumentação dizendo que, uma vez que "os jovens sabem que o *rock* tem o ritmo da relação sexual" (Bloom, 1987, p. 73), a cultura popular vem a ser sinônimo de transformação da "vida [...] em uma ininterrupta fantasia masturbatória preembalada para consumo" (p. 75). É claro que as opiniões de Bloom sobre cultura popular em geral e sobre o *rock* em particular decorrem daquilo que ele percebe como indícios de um grave declínio moral e intelectual da juventude americana. Especificamente, ele teme o desafio à autoridade, surgido a partir dos movimentos estudantis da década de 1960, e a ideologia niveladora da reforma democrática que caracteriza o discurso dos intelectuais radicais. Na verdade, o que o livro de Bloom oferece são delírios autoritários infundados que parecem competir com as próprias convulsões que, sugere ele, caracterizariam em grande parte a cultura popular.

> O inevitável corolário desse interesse sexual é a rebeldia contra a autoridade dos pais, que o reprimem. O egoísmo transforma-se assim em indignação que, por sua vez, se transforma em moralidade. A revolução sexual deve derrubar todas as forças de dominação, os inimigos da natureza e da felicidade. Do amor nasce então o ódio, disfarçado de reforma social. Toda uma visão de mundo passa a ter como base o sexo. O que antes eram ressentimentos infantis inconscientes ou semiconscientes, de repente se torna a nova Bíblia. Surge então o apelo por uma sociedade universal sem classes, sem preconceitos, sem conflitos, que necessariamente resulta da consciência liberada "Nós somos o Mundo", versão púbere de *Alle Menschen werden Brüder* cuja concretização tem sido impedida pelos equivalentes políticos de mamãe e papai. São os seguintes os três grandes temas líricos: sexo, ódio e uma pegajosa e hipócrita versão de amor fraternal. Tais fontes poluídas deságuam em um rio lamacento onde só podem nadar monstros (Bloom, 1987, p. 47).

Evidentemente, os monstros que habitam esse lugar são a juventude contemporânea, os grupos subordinados e todos os demais que se recusam a levar a sério o *status* canônico que Bloom quer atribuir às grandes obras que encarnam a sua reverenciada noção de civilização ocidental. Mais diretamente responsáveis ainda por essa versão de loucura contemporânea são os esquerdistas, as feministas e qualquer pessoa que ande com um rádio do tipo *walkman*. O discurso de Bloom está baseado no mito da decadência, e o seu ataque à cultura popular está indissoluvelmente associado ao apelo que vem sendo feito pela restauração da assim chamada herança clássica perdida. Em vez de um ataque sustentado à cultura popular, esse é o abrangente discurso do totalitarismo, dissimulado sob o véu da restauração cultural. Seus inimigos são a democracia, o utopismo e as possibilidades políticas ainda não concretizadas que estão contidas nas culturas dos "outros" — isto é, os pobres, os negros, as mulheres e aqueles que partilham da experiência de total privação de poder. O seu objetivo é a regulação moral e social mediante a qual a voz da tradição confere legitimação ideológica para o sacerdócio da cultura. Esse discurso é um eco cuja fonte pode ser encontrada na Alemanha de Hitler e na Itália de Mussolini; sua pedagogia é tão profundamente reacionária quanto sua ideologia, podendo ser simplesmente resumida nos termos *transmissão* e *imposição*.

Ao mencionar Ryerson e Bloom, estamos destacando o ponto bastante simples de que, historicamente, as formas de escolarização regulamentadas pelo Estado têm enxergado a cultura popular como um terreno marginal e perigoso, algo contra o qual se deva ser imunizado ou — na melhor das hipóteses — algo a ser ocasionalmente explorado como tática circunstancial de motivação, para aumentar o interesse do aluno por determinada lição ou disciplina. Em outras palavras, os educadores têm tradicionalmente enxergado a cultura popular como um conjunto de conhecimentos e prazeres desvinculados da pauta da escolarização, a ela devidamente subordinados e às vezes por ela cooptáveis. E, para os nossos propósitos, essa ótica tradicional não pode ser completamente descartada. Apesar de todos os seus aspectos repulsivos, ela situa corretamente o trabalho do professor no centro do discurso. Ou seja, noções úteis do conceito de cultura popular devem ser associadas a uma determinada noção de pedagogia.

Importância pedagógica da cultura popular

Nosso interesse não reside nas qualidades estéticas ou formais das culturas populares. Tampouco estamos particularmente preocupados com a maneira pela qual as diversas formas de expressão popular poderiam ser codificadas em assuntos ou temas para estudo, no âmbito de programas de estudos culturais. Preferimos começar por questões mais fundamentais, incluindo algumas que são levantadas por professores. Por exemplo: que relação os meus alunos veem entre o trabalho que fazemos em classe e as vidas que eles levam fora da sala de aula? Seria possível incorporar aspectos da sua cultura vivida ao trabalho da escolarização, sem simplesmente confirmar aquilo que eles já sabem? Seria possível fazê-lo sem banalizar os objetos e relações que são importantes para os alunos? E seria possível fazê-lo sem discriminar determinados grupos de alunos como marginais, exóticos e "outros" dentro de uma cultura hegemônica?

Ao fazer tais perguntas, temos de assumir que a Pedagogia jamais germina em solo infértil. Por essa razão, um bom ponto de partida seria considerar a cultura popular como aquele terreno de imagens, formas de conhecimento e investimentos afetivos que definem as bases para se dar oportunidade à "voz" de cada um, dentro de uma experiência pedagógica (Giroux, 1988). Tal afirmação mostra que temos em mente uma forma específica de ensinar e aprender. Essa forma é uma pedagogia crítica, que ratifica a realidade concreta da diferença e da vida cotidiana como base para se levantar questões de teoria e prática (McLaren, no prelo). É uma forma que proclama a experiência da diferença vivida como uma pauta para discussão e como um recurso central para uma pedagogia da possibilidade (Simon, 1987).

Essa discussão sobre a diferença vivida, se pedagógica, adquirirá uma certa tensão, pois implica uma luta — luta em torno de conceitos atribuídos; luta em torno do sentido em que se deve direcionar o desejo, luta em torno de certos modos de expressão e, fundamentalmente, luta em torno de versões múltiplas e até mesmo contraditórias do "eu". É essa luta que possibilita novos investimentos e conhecimentos além da experiência individual e permite, por conseguinte, redefinirmos possibilidades que vislumbramos nas condições de nossas vidas diárias e em condições futuras, "ainda não concretizadas". Trata-se de uma luta em torno da própria noção de pedagogia, uma pedagogia que constantemente problematize o modo como professores e alunos adquirem conhecimentos, no âmbito de formas culturais mais amplas e nos intercâmbios que marcam a vida na sala de aula. É enfim uma luta que jamais pode ser vencida, caso contrário, a pedagogia deixará de existir (Lewis e Simon, 1986).

Não se trata de exigir que os professores suprimam ou esqueçam o que sabem e como sabem. Na verdade, a luta pedagógica se enfraquece sem tais recursos. Entretanto, professores e alunos precisam encontrar maneiras de evitar que um único discurso se transforme em local de certeza e aprovação. Os professores precisam encontrar meios de criar espaço para um mútuo engajamento das diferenças vividas, que não exija o silenciar de uma multiplicidade de vozes por um único discurso dominante; ao mesmo tempo, devem desenvolver formas de pedagogia ancoradas em uma sólida ética que denuncie o racismo, o sexismo e a exploração de classes como ideologias e práticas sociais que convulsionam e desvalorizam a vida pública. Essa é uma pedagogia que rejeita a falta de posicionamento e não silencia em nome de seu próprio fervor ou correção ideológica. Uma pedagogia crítica examina cuidadosamente e por meio do diálogo as vias pelas quais as injustiças sociais contaminam os discursos e as experiências que compõem a vida cotidiana e as subjetividades dos alunos que neles investem.

Que necessitaria um professor compreender, a fim de engajar-se em tal luta? Vamos retomar essa questão e discuti-la detalhadamente ao final do capítulo, mas podemos já sugerir diversos pontos que um professor poderia investigar, no esforço de desenvolver uma pedagogia crítica. Se ampliarmos a definição de cultura popular para tanto um campo de embate entre grupos dominantes e subordinados (Hall, 1981) como uma referência para entendermos o modo de organização, produção e legitimação da experiência no âmbito de formas culturais baseadas na dinâmica da vida cotidiana, haverá diversas questões que um professor poderia tentar responder. Por exemplo, quais são as condições históricas e as circunstâncias materiais em que se buscam, organizam, ratificam e regulam as práticas da cultura popular? Essas práticas dão margem a novas noções de identidades e possibilidades? Excluem outras identidades e possibilidades e, em caso positivo, quais? Como se articulam tais práticas com as formas hegemônicas de conhecimento e prazer? Quem tem seus interesses e investimentos favorecidos — e quem os tem criticados e questionados — por determinado conjunto de práticas culturais populares? Finalmente, quais são os compromissos morais e políticos de tais práticas e que relação têm com os compromissos profissionais de um professor? Se houver divergência entre esses dois conjuntos de compromissos, o que isso implica?

A importância de se fazer tais perguntas está, em parte, em não se considerar a análise da cultura popular uma simples questão de identificar ideologia em mercadorias ou relações cotidianas vividas. Em vez disso, estamos avançando em direção a uma posição segundo a qual se poderia investigar o popular como um campo de práticas que, para Foucault, constituem a indissolúvel tríade do conhecimento, do poder e do prazer (Foucault, 1980a). Muito da luta pedagógica consiste exatamente nisto: testar as formas pelas quais produzimos significados e representamos a nós mesmos, nossas relações com os outros e com o ambiente em que vivemos. Assim procedendo, fazemos uma avaliação do que nos tornamos e do que não mais desejamos ser. Também nos capacitamos a reconhecer as possibilidades ainda não concretizadas e a lutar por elas.

Algumas advertências a propósito da forma de se repensar o popular

Repensar o conceito do popular é uma tarefa difícil e perigosa. Queremos expor brevemente nossa visão de algumas dessas dificuldades.

As práticas culturais populares exibem numerosas diferenças que, em parte, se devem às lutas inerentes às relações vigentes de sexo, classe, raça, etnia, idade e região. Enquanto essas diferenças forem usadas para gerar e manter desvantagens e sofrimento humano, precisaremos, em qualquer discussão sobre pedagogia e cultura popular, registrar em alto e bom som o conceito de diferença. Por isso, preferimos eliminar o singular e sempre falar em práticas culturais populares. Também vale enfatizar que enxergamos tais práticas como processos vividos, como parte das diferentes manifestações das experiências e reações de diferentes grupos frente à vida cotidiana. É claro que existe aqui o perigo de se reduzir determinados alunos a simples reflexos de algumas supostas características de um dado grupo. Esse é o caminho do classismo, do sexismo e do racismo. Entretanto, evitar considerar a produção e a regulação social do conhecimento e do desejo é igualmente objetável.

Pensamos ser importante, em qualquer análise da cultura popular, reteorizar a expressão *cultura de massa*. A questão não é simplesmente constatar a homogeneização e a dominação da vida cotidiana. Não desejamos misturar aquilo que é produzido em massa e distribuído como produto (brinquedos, livros, filmes, discos, programas de televisão) com cultura popular. Evidentemente, estamos interessados nessas modalidades exatamente por darem forma (sem imposições mecânicas) às práticas que organizam e regulam estilos e imagens aceitáveis de atividade social e identidade individual e coletiva. Entretanto, pensamos ser um equívoco reduzir a discussão sobre cultura popular a uma discussão sobre produtos. Se quisermos sustentar a noção de cultura popular como um terreno de possibilidades, e não simplesmente de ameaça e desejo profano, precisaremos lançar mão de outras formas de conceituação do termo. Uma alternativa condizente com nossa ênfase na prática cultural popular seria considerar os produtos em seus respectivos circuitos de distribuição, enfocando-os não como textos, mas como eventos. Em outras palavras, considerar não só a oportunidade em si de acolher determinado produto, mas também as formas como esse produto é utilizado ou absorvido (Radway, 1984).

Ao fazer essa sugestão, estamos enfatizando que a cultura popular é constituída não apenas de *commodities* ou produtos, mas também de práticas que refletem a capacidade criativa e por vezes inovadora das pessoas. É possível que a cultura popular contenha aspectos de uma imaginação coletiva capaz de fazer com que as pessoas transcendam o conhecimento e a tradição recebidos. Nesse sentido, a cultura popular poderá revelar aspectos de um contradiscurso útil na organização de lutas contra relações de dominação. Como escreveu Tony Bennett: "Uma prática cultural não carrega consigo a política que a gerou, como se esta houvesse sido gravada a fogo para toda a eternidade; ao contrário, o seu funcionamento político depende da rede de relações sociais e ideológicas em que está inserida como consequência das formas pelas quais ela se articula com outras práticas, em determinada conjuntura." (Bennett, 1986, p. xvi)

Essa noção foi-nos recentemente exemplificada em um ensaio sobre a relação entre Pedagogia e cultura popular, escrito por uma professora que frequentava um curso de mestrado em educação. Nesse trabalho, ela refletia sobre seu carinho pela *persona* de Marilyn Monroe, aquela expressa tanto em filmes como no imaginário público (Rowe, 1987). Por um lado, determinada prática cultural popular (o evento de assistir aos filmes de Monroe) pode alimentar formas vigentes de dominação (nesse caso, o patriarcado). Entretanto, ao mesmo tempo, essas formas de dominação podem ser um reconhecimento do lado subjetivo não determinista das relações sociais, em que os seres humanos são caracterizados por uma vida idealizada ou imaginária, em que a vontade é cultivada, os sonhos sonhados e as categorias desenvolvidas. O trabalho dessa professora mostrou que, para uma moça criada em um ambiente de relações patriarcais de uma tradicional família do meio rural, tais formas de dominação podem oferecer um tipo de contradiscurso que, em parte, é uma promessa de possibilidade.

Ignorar essa possibilidade é não compreender que nossas vidas reais nunca podem refletir adequadamente nossas vidas imaginárias. É a própria imaginação que move nosso desejo e nos dá energia para rejeitar relações de dominação e acalentar a promessa de possibilidade (Fitting, 1987).

Não se trata aqui de um romantismo ingênuo. O fato é que não podemos suprimir aqueles aspectos da cultura popular que eventualmente julguemos retrocessos; ao contrário, precisamos encará-los da forma como são e tentar superá-los. O fascismo foi e ainda é viável como uma prática específica de cultura popular. Não nos devemos esquecer de que sempre haverá um projeto moral associado a determinadas práticas culturais; assim, precisamos entender e avaliar que relações tais práticas têm com os nossos compromissos enquanto educadores e cidadãos. É importante reenfatizar que a cultura popular é um terreno de luta impregnado de práticas não apenas pedagógicas, mas também políticas. Uma vez que há necessidade de se conquistar a permissão para que formas de expressão popular se incorporem à cultura dominante, a cultura popular nunca está livre das ideologias e práticas da Pedagogia. Do mesmo modo, as formas de expressão popular, para serem adotadas em benefício do fortalecimento do poder individual e do poder social, têm de ser renegociadas e reapresentadas. Isso sugere a intervenção de uma pedagogia crítica para romper o coro uníssono da cultura popular e estimular a voz da dissensão, desafiando ao mesmo tempo as experiências vividas e as relações sociais de dominação e exploração. Adam Mills e Phil Rice, que percebem a complexidade dessas questões, merecem ser aqui citados por inteiro:

> "A cultura popular é uma eterna ameaça": pelo fato de sempre ocupar o polo subordinado e ilegítimo no campo das relações culturais, os valores incorporados em suas práticas e representações constituem uma antítese daqueles valores que, por definição, são os valores minoritários das culturas de "elite". Como sugere Stuart Hall, aqueles discursos e formas de expressão que têm origem nas instituições culturais dominantes devem necessariamente ativar a "contradição estrutural que surge sempre que uma cultura dominante procura incorporar" o povo e trazê-lo para dentro de suas fronteiras. Em outras palavras, cabe-lhes levantar o espectro da opressão e da subordinação, mesmo que seja somente para tentar neutralizá-lo. Para se analisar o caráter popular de certas formas de expressão, deve-se então procurar reconhecer como foi que aqueles discursos dominantes receberam aprovação e em que medida, ao se apresentarem como populares, tais discursos reintroduzem as práticas e a experiência concreta das classes sociais subordinadas, estabelecendo com elas uma ligação. Isso sugere que o popular é um plano de luta política e ideológica, sobretudo em torno da formação daquilo que é dado como "popular" e, além disso, em torno da formação do "povo". Contudo, mais do que isso, sugere que as formas de expressão cultural não mais podem ser vistas como unidades coerentes e expressivas, ou mesmo que as formas de expressão popular nada mais são que mercadorias unidimensionais que funcionam como narcóticos culturais estandardizados e estupefacientes para as massas. A implicação aqui é que as formas de expressão cultural compreendem um conjunto contraditório e heterogêneo de elementos tanto

> dominantes quanto subordinados — os associados à vida social "popular" e os dominantes, aqueles que tentam cercear ou reprimir significados alternativos e que tentam calar a voz da dissensão. (Mills e Rice, 1982, p. 24-25).

Uma Pedagogia que acolha a cultura popular a fim não de calar, mas de afirmar a voz do estudante, também apresenta suas dificuldades. Michel Foucault, no primeiro volume de *História da sexualidade* (1980a), comenta acerca do "prazer da análise": o prazer de descobrir e revelar os segredos do prazer humano. O professor empenhado em uma pedagogia que requeira alguma articulação entre formas de conhecimento e prazeres próprios da vida cotidiana de seus alunos está trilhando um caminho perigoso. Pode acontecer, talvez até com muita facilidade, de o estímulo à voz do aluno tornar-se uma forma de "voyeurismo" ou uma maneira de satisfazer uma espécie de expansionismo do ego advindo do prazer de compreender aqueles que nos parecem "os outros". É por isso que precisamos deixar bem claro que tipo de pedagogia buscamos. Cultura popular e diferença social podem ser vistas pelos educadores de duas maneiras: como formas agradáveis de conhecimento e poder, que abrem caminho para uma individualização e para uma administração mais efetiva de formas de regulamentação física e moral; ou como o terreno em que nos devemos reunir com nossos alunos para uma experiência pedagógica capaz de ativar, e não desativar, a imaginação e as capacidades humanas em benefício da alegria individual, da prosperidade coletiva e da justiça social. Alertou-nos Dick Hebdige (1979), ao reproduzir as palavras de um jovem membro de uma subcultura que estava estudando: "Odiamos quando um adulto nos entende. É a única vantagem que temos sobre eles, o fato de podermos intrigá-los e preocupá-los." (p. 117) A juventude contemporânea tem motivo para relutar em abandonar seu anonimato, em tornar suas vozes pessoais e concretas objeto de escrutínio público e pedagógico.

Há ainda uma última advertência a fazer. Pensamos que seja importante questionar o sentido de se usar a prática cultural popular no contexto de uma experiência pedagógica. Significaria tornar tais práticas correntes como conteúdo curricular ou simplesmente colocá-las em discussão? Será que esse procedimento não modificaria fundamentalmente sua natureza? Iain Chambers (1985) escreveu de forma bastante explícita sobre essa questão e convém refletir sobre sua advertência:

> A alta cultura, com seus gostos cultivados e conhecimentos formalmente transmitidos, requer certos momentos de concentração, desvinculados do transcorrer do dia a dia. A cultura popular, por sua vez, mobiliza o tátil, o incidental, o transitório, o visceral... Ela não empreende uma pesquisa estética abstrata em meio a objetos de atenção cultural já privilegiados, e sim invoca ordens volúveis de sentido, gosto e desejo. A cultura popular não é apropriada através do aparato da contemplação, mas sim, como afirmou Walter Benjamin, através da "recepção distraída"... Tentar explicá-la inteiramente [...] seria submetê-la a um olhar contemplativo, adotar a autoridade da condescendente mentalidade acadêmica que procura explicar uma experiência que raramente lhe diz respeito. Um papel que, como disse Barthes, "transforma todo orador em uma espécie de policial"... A soberba de tal pretenso conhecimento está na

> contramão da epistemologia popular que tentei sugerir: um conhecimento informal do cotidiano, baseado no sensório, no imediato, no concreto, no prazeroso... [são] essas as áreas que o conhecimento formal e sua respectiva cultura reprimem continuamente (Chambers, 1985, p. 5).

Prática da pedagogia crítica

A questão, neste caso, é como conseguir tornar a cultura popular um objeto de análise pedagógica sem prejudicar a sua privilegiada condição de ser assimilada como uma forma de resistência. Como poderá a cultura popular fazer parte de uma pedagogia crítica que em última análise não opere para policiar seu conteúdo e suas práticas?

Uma pedagogia que tome a cultura popular como objeto de estudo deve reconhecer que todo o trabalho educacional é essencialmente contextual e condicional. Essa pedagogia somente pode ser discutida a partir de um tempo, um espaço e um tema específicos. Isso leva a uma questão mais ampla com relação à própria natureza da pedagogia crítica: exercê-la é uma tarefa estratégica, prática, e não científica. Ela surge não por oposição a um conjunto de universais psicológicos, sociológicos e antropológicos (como costuma ocorrer com muita teoria educacional aplicada à Pedagogia), mas em função de indagações como: De que modo estará a possibilidade humana sendo aqui diminuída?

Estamos deliberadamente oferecendo uma noção ampliada e politizada de pedagogia, uma pedagogia que reconhece seu lugar em múltiplas formas de produção cultural, e não simplesmente naqueles espaços que vieram a ser rotulados de "escolas". Qualquer prática que intencionalmente busque influir na produção de significados é uma prática pedagógica. Isso inclui múltiplos aspectos: educação dada pelos pais, produção de filmes, trabalho pastoral, serviço de assistência social, de assistência à saúde, arquitetura, direito, publicidade e muito mais. Todas essas são formas de trabalho cultural. Há possibilidades para a Pedagogia em qualquer ambiente: escolas, famílias, igrejas, associações comunitárias, organizações de trabalhadores, empresas, meios de comunicação locais e assim por diante. Todo trabalho deve começar pela nomeação e problematização das relações sociais, das experiências e das ideologias construídas por meio de formas de expressão popular que operam diretamente nesses ambientes, bem como daquelas que surgem em outras esferas, mas que indiretamente exercem influência sobre os que trabalham nesses mesmos ambientes. Boa parte do trabalho político da Pedagogia consiste em articular práticas não somente dentro de determinados ambientes, mas também entre eles. Com efeito, uma de nossas tarefas de longo prazo como educadores deve ser definir uma estrutura útil para a articulação das pedagogias críticas que seriam viáveis em uma variedade de ambientes de trabalho cultural. Esse ponto é essencial. A eficácia prática de nossos próprios compromissos está na possibilidade de formar uma aliança entre diferentes formas de trabalho cultural.

A seguir, queremos aplicar nossa discussão mais diretamente à realidade da sala de aula, apresentando uma lista de problemas que foram levantados por alunos e por um grupo heterogêneo de educadores (professores de primeiro e segundo graus, professores universitários, professores alfabetizadores, profissionais de saúde, artistas e escritores) no processo de compartilhar os respectivos trabalhos culturais, bem como suas leituras de diferentes artigos e livros. Em muitos aspectos, os temas e questões por eles levantados deixam claro que o caminho que leva da teoria à possibilidade pedagógica quase nunca é fácil ou simples. Ao mesmo tempo, os problemas levantados sugerem direções novas e alternativas para se repensar a Pedagogia como uma forma de política cultural voltada para um projeto de esperança e possibilidade. Tais problemas confirmam o fato de que uma pedagogia crítica jamais está concluída; suas condições de existência e possibilidade estão em constante alteração, tendo em vista sua tentativa de se dedicar àquilo que "ainda não" se concretizou, que ainda é possível e pelo qual vale a pena lutar.

Prática curricular

É claro que uma pedagogia crítica seria sensível a formas de materiais curriculares que poderiam estar implicadas na reprodução de relações sociais desiguais e injustas (por exemplo, sexismo, racismo, classismo, heterossexismo). Mas o que exatamente implica essa "sensibilidade"? Será que ela levaria a uma forma legítima de censura do material? O outro lado da censura é a opção excludente que todos fazemos ao selecionar o conjunto de materiais que usaremos em nosso ensino, durante determinado período de tempo. Que formas de autoridade poderiam ser invocadas para se fazer tais opções? Com que critérios deveríamos fazê-las? Poderíamos usar material reacionário a serviço de uma pedagogia progressista? Se for defendida a inclusão de materiais que (embora reacionários) são inerentes aos mitos dominantes da comunidade e que, portanto, estão "maduros" para uma análise crítica, que semelhanças ou diferenças deveriam existir nos materiais escolhidos para uso no Sul dos Estados Unidos, no Norte dos Estados Unidos, no Canadá inglês, no Canadá francês, na Inglaterra, na Austrália e assim por diante? Que critérios de equilíbrio e integração deveriam ser usados na análise de formas sociais e culturais de âmbito global e de âmbito regional?

A pedagogia crítica sempre busca incorporar a experiência do aluno ao conteúdo curricular "oficial". Embora essa articulação possa fortalecer o poder do estudante e ao mesmo tempo constituir uma forma de crítica às relações que silenciam, ocorre que a experiência do aluno também não é uma forma não problemática de conhecimento. Como podemos evitar o conservadorismo inerente ao simples ato de celebrar a experiência pessoal e confirmar aquilo que as pessoas já sabem? Em outras palavras, como podemos reconhecer uma experiência anterior como conteúdo legítimo e ao mesmo tempo questioná-la (Giroux, 1988)? Como ratificar as "vozes" dos alunos e ao mesmo tempo estimular a sua interrogação (Giroux, 1988; McLaren)?

Memórias populares e "conhecimentos subjugados" (Foucault, 1980a) são frequentemente discutidos como formas úteis de crítica a ideologias dominantes. Como podemos fazer uso de tais conhecimentos em nossa pedagogia (Giroux, 1988)? Uma vez que, conforme sugerimos anteriormente, isso significa trabalhar com o conhecimento embutido nas formas de sociabilidade, nas comunidades de discurso e nas formas de expressão popular a que os alunos atribuem significados, o que deveríamos fazer para evitar que os alunos que vivem fora das práticas dominantes se sintam excluídos, relegados à condição de "outros", quando estamos levando a sério justamente o conhecimento organizado nos termos de suas vidas diárias? Além disso, como enfrentar formas de resistência dos alunos ao que eles percebem como invasão, pelo discurso oficial da escola, da esfera privada e extraescolar de suas vidas?

Política cultural, diferenças sociais e prática

Ao planejar e colocar em prática uma pedagogia cujo propósito essencial seja ampliar a possibilidade humana e formar uma comunidade justa e solidária, como poderemos saber se o que estamos fazendo é ética e politicamente correto? Como não escorregarmos de uma visão de possibilidade humana para um dogma totalitário?

Muitos professores querem ajudar seus alunos a identificar, compreender e produzir conhecimentos úteis. Mas o que constitui conhecimento útil? Será o mesmo para todos os alunos, independentemente de sexo, classe, raça, etnia, idade ou região geográfica? Se não for, como então poderei lidar com essa diversidade e essas diferenças sociais em termos intelectuais, emocionais e práticos? E se a visão do professor acerca do conhecimento útil diferir da dos alunos e de suas famílias? O que acontecerá com a visão de educação desse professor? Até onde poderemos ir com a pedagogia crítica, se as pessoas não estiverem interessadas em nossa proposta, ou se a julgarem capaz de anular a sua própria proposta? Formas democráticas de elaboração de currículos assegurariam uma pedagogia crítica?

O que poderíamos ou deveríamos saber sobre a base do interesse ou desinteresse em relação aos tópicos e materiais de nossa pedagogia? Em que medida esse saber influiria em nossa prática? O que significaria entender a ignorância como repressão dinâmica da informação (Simon, 1984)? Existiria uma forma de ignorância produzida como defesa contra a desesperança?

O que significa trabalhar com alunos que têm privilégios diferentes em função de sua classe social, raça e sexo? Por que iriam desejar mudar a situação aqueles cujos interesses são favorecidos por formas de opressão? Seria esse conflito estrutural inevitável em nossa sociedade atual? Não haveria questões e valores que pudessem mobilizar um amplo interesse em transformações sociais (por exemplo, ecologia, paz, saúde)?

Defesa contra a desesperança

Às vezes, quando alunos e professores se engajam em uma discussão crítica das práticas sociais ou formas de conhecimento vigentes, uma sensação de impotência toma conta do grupo. Fazer pedagogia crítica pode transformar um cenário educacional em um "conselho da desesperança".

Como podemos nos defender contra o desalento, ao adotarmos uma agenda de crítica e análise social? Diante de todas as limitações do ensino e da escolarização, como é que poderemos efetivamente fortalecer o poder das pessoas (Aronowitz e Giroux, 1985; McLaren, 1986; Simon, 1987)?

Trabalhar com os alunos procurando explicitar as contradições sociais em que todos nós vivemos é um importante aspecto da prática pedagógica crítica (Simon, 1987). Entretanto, será que o fato de levantarmos contradições nas vidas desses alunos não irá simplesmente fazer com que se sintam ameaçados (Williamson, 1981-1982)? Será que apontar contradições sociais não levaria ao cinismo e à desesperança? Mais ainda: se a validade de compreender o conceito de "ideologia" for enfatizar que aquilo que é frequentemente tomado como natural e inevitável é na verdade historicamente construído e moralmente regulado, será que a crítica à ideologia não produzirá uma desestabilização da identidade e uma paralisia da ação? Se começarmos a questionar tudo o que está presente na vida cotidiana, será que não acabaremos simplesmente nos desnorteando?

O trabalho do professor

Como podemos compreender os efeitos coercitivos dos contextos administrativos e econômicos em que trabalhamos? De que forma deveríamos considerar a realidade das regulamentações do Estado e das limitações impostas por uma economia corporativa? Deveriam esses fatores sempre ser vistos como limites?

Para aqueles de nós que trabalham no magistério público, por que razão deveria um professor agir de forma que pudesse contrariar a política ou as diretrizes da diretoria da escola? Em que circunstâncias um professor teria justificativas para fazê-lo? Quais seriam as consequências? Os professores deveriam dar conta de seus trabalhos a grupos específicos ou a uma esfera pública organizada? Na prática, como isso seria ou deveria ser feito?

Dado o fato de que a prática da pedagogia crítica requer um substancial investimento pessoal de tempo e energia, implicaria ela o virtual abandono da vida "particular" de um professor? De que forma podemos lidar com os momentos de depressão e ruptura emocional que advêm de uma contínua preocupação com a amplitude da injustiça e da violência no mundo? Como podemos nos unir e formar associações para apoiar nossos esforços?

Conclusão

O fato de havermos levantado estas questões não quer dizer que elas não tenham sido abordadas historicamente ou mesmo em textos contemporâneos de teoria social e educacional. Na verdade, uma parte considerável de nosso próprio trabalho desenvolveu-se justamente como resposta a muitas dessas, questões que acabamos de relacionar. São questões que surgem em épocas diferentes, levantadas por diversas vozes, em contextos educacionais também bastante diversos, e que precisam ser constantemente reformuladas e abordadas. A noção de pedagogia crítica começa com certo grau de indignação, com uma visão de possibilidade e com uma incerteza que nos impele a repensar e renovar constantemente o trabalho que vimos fazendo no âmbito de uma teoria mais ampla de escolarização como forma de política cultural. Definir as ligações entre cultura popular e pedagogia crítica é apenas uma parte dessa contínua tarefa e, com nossos comentários introdutórios sobre a questão, esperamos ter conseguido esboçar nossa visão do trabalho que está por fazer.

Referências bibliográficas

ARONOWITZ, S.; GIROUX, H. A. *Education under seige.* South Hadley, MA: Bergin and Garvey, 1985.

BENNETT, T. Popular culture and the um to Gramsci. In: ______; MERCER, C.; WOOLACOTT, J. (Eds.). *Popular cultural and social relations.* Londres: Open University Press, 1986.

BLOOM, A. *The closing of the American mind.* Nova York: Simon and Schuster, 1987.

CHAMBERS, I. Popular culture, popular knowledge. *One two Three Four*: A Rock and Roll Quarterly, p. 1-8, 1985.

CLIFFORD, J. On ethnographic surrealism. *Comparative Studies in Society and History,* n. 18, p. 539-564, 1981.

______; MARCUS, G. E. (Eds.). *Writing culture*: The poetics and politics of ethnography. Berkeley: University of California Press, 1986.

FITTING, P. The decline of the feminist utopian novel. *Bonder/Lines,* n. 7-8, p. 17-19, 1987.

FOUCAULT, M. *The history of sexuality*: An Introduction. Nova York: Vintage Books, v. 1, 1980a.

______. Two lectures. *Knowledge/Power* (Colin Gordon, trad.) Nova York: Pantheon Press, 1980b.

GIROUX, H. A. *Schooling and the struggle for public life.* Mineapolis: University of Minnesota Press, 1988.

GROSSBERG, L. Teaching the popular. In: C. NELSON (Ed.). *Theory in the Classroom.* Urbana: University of Illinois Press, 1986.

HALL, S. Notes on deconstructing 'the popular.' In: SAMUEL, R. (Ed.). *People's history and socialist theory.* Londres: Routledge and Kegan Paul, 1981. p. 227-240.

HEBDIGE, R. *Subculture*: the meaning of style. Nova York: Methuen, 1979.

LEWIS, M.; SIMON, R. I. A discourse not intended for her: Learning and teaching within patriarchy. *Harvard Educational Review*, v. 56, n. 4, p. 457-472, 1986.

LUSTED, D. Introduction: why pedagogy? *Screen*, v. 27, n. 5, p. 2-14, 1986.

McLAREN, P. *Schooling as a ritual performance*: toward a political economy of educational symbols and gestures. NovaYork: Routledge and Kegan Paul, 1986.

______. *Life in schools.* Nova York: Longman, 1989.

MILLS, A.; RICE, P. Quizzing the popular. *Screen Education*, n. 41, p. 15-25, 1982.

MORGAN, R. English studies as cultural production in Ontario, 1860-1920. Tese (Doutorado) — Ontario Institute for Studies in Education, Toronto, 1987.

______. The general absence of good breeding. *The Hamilton Spectator*, n. 29, p. 53, 1870.

SIMON, R. I. Signposts for a critical pedagogy: a review of Henry A. Giroux's. *Theory and resistance in education*: educational theory, v. 34, n. 4, p. 379-388, 1984.

______. Empowerment as a pedagogy of possibility. *Language Arts*, v. 64, n. 4, p. 370-382, 1987.

WILLIAMSON, J. How does girl number 20 understand ideology? *Screen Education*, n. 40, p. 80-87, 1981-1982.

RADWAY, J. *Reading the romance*: women, patriarchy, and popular literature. Chapel Hill: University of North Carolina Press, 1984.

ROCKHILL, K. Literacy as threat/desire: Longing to be somebody. Trabalho não publicado. Ontario Institute for Studies in Education, fev. 1987.

ROWE, E. Desire and popular culture: the ego ideal and its influence in the production of subjectivity. Trabalho não publicado. Ontario Institute for Studies in Education, jan. 1987.

RYERSON, E. Summary of a speech at the Ontario Literary Society. *Journal of Education*, Ontario, n. 21, p. 72, 1968.

CAPÍTULO 5

Formação do professor como uma contraesfera pública: a pedagogia radical como uma forma de política cultural

Henry A. Giroux
Peter McLaren

Introdução

Teóricos críticos de primeira geração como Max Horkheimer (1972, 1974), Theodor Adorno (1972) e Walter Benjamin (1969), em seus escritos da primeira metade do século XX, argumentaram que, nas democracias ocidentais, a capacidade de razão crítica estava rapidamente desaparecendo. Apontando para a intromissão do Estado, a indústria cultural e a concentração de riqueza em um número cada vez menor de mãos, esses pensadores temiam que as condições ideológicas e materiais que possibilitaram a interação pública e o pensamento crítico estivessem sendo solapadas pela padronização, pela fragmentação e pela mercantilização crescentes da vida cotidiana. Sustentaram ainda que, à medida que a vida cotidiana fosse se tornando mais racionalizada e mais contaminada por imagens de ganância e de individualismo egocêntrico, o discurso da democracia passaria a se distanciar cada vez mais da vida pública até ser finalmente substituído pela linguagem e pela lógica da tecnocultura.

Jürgen Habermas (1962) e Herbert Marcuse (1964) foram compelidos a levar adiante essa crítica ao esclarecer a forma pela qual, no século XX, a razão foi praticamente eliminada e a investigação reflexiva perigosamente domesticada em função da destruição daquelas esferas públicas clássicas que prevaleceram na Europa dos séculos XVIII e XIX. Àquela época, as esferas públicas — tais como clubes políticos, periódicos, cafés, grupos de vizinhos de bairros, casas editoras e sindicatos — proporcionavam espaços nos quais os indivíduos podiam reunir-se para debater, dialogar e trocar opiniões. Esferas públicas como essas frequentemente se transformavam em uma coesa força política. Para pragmatistas americanos como John Dewey (1927), a esfera pública representava o elo de ligação de uma série de importantes ambientes pedagógicos, nos quais a democracia enquanto movimento social era parte integrante do esforço contínuo de numerosos grupos subordinados reunir-se, produzir um discurso social e por implicações de tal discurso para ação política (Lothstein, 1978, p. 55-111). Ampliando a convicção de Dewey de que a ação social inteligente continha a melhor promessa para uma sociedade mais humana, os reconstrucionistas sociais defenderam, na década de 30 e de 40, uma política da individualidade social na qual se poderia lutar pelos preceitos democráticos não somente nas escolas, mas em todos os ambientes pedagógicos que reconhecessem a primazia do aspecto político na vida cotidiana. Por trás da lógica dessa posição, havia uma ênfase na relação entre conhecimento e poder, fazer e agir, bem como compromisso e luta coletiva. Na verdade, a esfera pública servia não apenas para criar a linguagem da liberdade, mas também para manter viva a esperança de que os grupos subordinados pudessem um dia gerar seus próprios intelectuais; na expressão de Gramsci (1971), isso significava a criação de "intelectuais orgânicos" que poderiam eliminar a lacuna que distancia as instituições acadêmicas das questões e realidades práticas da vida cotidiana. Ou seja, esses intelectuais poderiam fornecer o lastro moral e político necessário à criação de instituições de educação popular, bem como de culturas e crenças alternativas.

Parte de nosso objetivo no presente trabalho é defender o argumento de que as escolas de formação de professores necessitam ser reconcebidas como contraesferas públicas. Nossa opinião é de que tais instituições, da forma como existem hoje, estão perniciosamente destituídas não só de consciência social, mas também de sensibilidade social. Por essa razão, é necessário desenvolver programas que eduquem os futuros professores como intelectuais críticos capazes de ratificar e praticar o discurso da liberdade e da democracia (Aronowitz e Giroux, 1985). Nessa perspectiva, pedagogia e cultura podem ser vistas como campos de luta que interagem. Além disso, o caráter contraditório do discurso pedagógico, evidente pela forma como atualmente define a natureza do trabalho docente, o cotidiano da sala de aula e o propósito da escolarização, pode ser submetido a formas mais radicais de interrogação. Mais especificamente, o problema que desejamos enfocar centra-se na questão da possibilidade da criação, pelos educadores radicais, de uma linguagem capaz de fazer com que os professores levem a sério o papel que a escolarização desempenha na vinculação de conhecimento e poder. Em resumo, queremos examinar como uma força de trabalho docente progressista seria capaz de fortalecer o poder dos professores e ao mesmo tempo estimular o exercício da docência como instrumento para o fortalecimento de poder.

Um dos grandes fracassos da educação norte-americana tem sido sua incapacidade de oferecer aos estudantes que se preparam para o magistério os meios e os preceitos morais para que desenvolvam um discurso e um entendimento mais críticos relativos às metas e propósitos fundamentais da escolarização. A educação do professor raramente tem ocupado espaço público ou político de importância dentro da cultura contemporânea, onde o sentido do social pudesse ser resgatado e reiterado a fim de dar a professores e alunos a oportunidade de contribuir, com suas histórias culturais e pessoais e sua vontade coletiva, para o desenvolvimento de uma contraesfera pública democrática.

A despeito dos esforços pioneiros que John Dewey e outros empreenderam para reformar a escolarização segundo a lógica de uma democracia radical e apesar das recentes tentativas, por parte de teóricos educacionais de Esquerda, de associar a ideologia da educação aos imperativos do Estado capitalista (Giroux, 1983), o espaço político atualmente ocupado pela educação do professor em geral continua a diminuir a importância da luta pelo fortalecimento do poder docente; além disso, geralmente tem servido para reproduzir as ideologias tecnocráticas e corporativistas características das sociedades dominantes. Não é exagero afirmar que os programas de formação de professores são concebidos para criar intelectuais que operam a serviço dos interesses do Estado, cuja função social é primordialmente manter e legitimar o *status quo*.

Por que os educadores não souberam aproveitar as possibilidades teóricas que tinham à mão para repensar as alternativas democráticas e incentivar novos ideais emancipatórios? Acreditamos que um dos principais motivos desse fracasso decorre do fato de os pensadores de Esquerda e outros educadores terem sido incapazes de dar um passo além daquilo que denominamos linguagem da crítica. Ou seja, os educadores radicais permaneceram atolados em um discurso crítico que associa as escolas basicamente às relações sociais de dominação. Decorrem daí as seguintes constatações: as escolas servem principalmente como instrumentos de reprodução social que fabricam trabalhadores dóceis e obedientes para o Estado; o conhecimento adquirido em sala de aula é geralmente considerado parte do tecido da "falsa consciência"; e os professores parecem estar amarrados em uma situação de total impotência. O lamentável dessa postura foi o fato de ter impedido que os educadores de Esquerda desenvolvessem uma linguagem programática na qual pudessem teorizar *para* as escolas. Em vez disso, os educadores radicais teorizaram *sobre* as escolas e, por essa razão, raramente se preocuparam com a criação de novas contraesferas públicas dentro dos espaços escolares. Ausente desse discurso está o que chamamos linguagem da possibilidade, uma linguagem que, conforme destacam Laclau e Mouffe (1985, p. 190), sugere a "constituição de um imaginário radical". Em nosso caso, um imaginário radical representa um discurso que oferece novas possibilidades para o desenvolvimento de relações sociais democráticas; estabelece elos entre o político e o pedagógico, a fim de incentivar o desenvolvimento de contraesferas públicas que se engajem seriamente em articulações e práticas da democracia radical e se comprometam com elas. Nosso propósito aqui não é repisar os fracassos da política da Esquerda e da reforma educacional, mas sim discutir nossas preocupações quanto ao desenvolvimento de uma nova conceituação de educação que permita o surgimento de uma abordagem mais crítica em relação à educação do professor.

Educação do professor e o abandono da postura política

A educação do professor constitui um conjunto de práticas institucionais que raramente resulta na radicalização dos professores. Os programas de formação dificilmente estimulam os licenciandos a levar a sério o papel do intelectual que trabalha em benefício de uma visão emancipatória. Se e quando um professor decide engajar-se em formas de política radical, isso invariavelmente se dá anos depois de ter deixado o estabelecimento responsável por sua formação. Nossa própria experiência na educação do professor — como alunos e eventualmente como professores — confirmou-nos aquilo que em geral se considera um lugar-comum na maioria das escolas e faculdades de educação em toda a América do Norte: que essas instituições continuam a se autodefinir essencialmente como instituições de serviço que são impelidas pela lógica da tecnologia de ensino e obrigadas pelo Estado a prover a especialização técnica e gerencial indispensável ao desempenho de quaisquer funções pedagógicas consideradas necessárias para atender às características das escolas em que os professores venham a atuar (Goodman, 1984, p. 9-26).

Não se está com isso afirmando que os críticos das escolas não tenham apresentado propostas destinadas a radicalizar os programas de formação de professores. Bem ao contrário, o problema tem sido que, quando essas propostas realmente aparecem, em geral ou não passam de celebrações de métodos de investigação e de instrução mais refinados e reflexivos, ou então não conseguem libertar-se da prisão da crítica. Esse dilema permite constatar que as formas discursivas, tanto liberais quanto radicais, têm sido igualmente incapazes de criar uma teoria e um espaço social novos para a redefinição da natureza do trabalho do professor e da função social do ensino. Em outras palavras, em geral não se tem observado, no projeto político que fundamenta esses discursos, empenho no sentido de vincular a escolarização à luta mais ampla pela democracia radical.

Educadores mais progressistas geralmente não caem na armadilha de tentar reformar a educação do professor visando a tornar os docentes melhores solucionadores de problemas ou simplesmente mais tecnicamente competentes no domínio da sua disciplina. Ao contrário, esses educadores geralmente invocam a linguagem da crítica, a autorreflexão e a articulação da teoria e da prática. Mas, apesar do empenho em problematizar o conhecimento e unir a teoria à prática, esse tipo de esforço pedagógico não consegue conceituar a educação do professor como parte de um projeto político mais amplo ou da luta social em geral. Em outras palavras, não define os programas de formação de professores como parte de uma contraesfera pública ampliada, que poderia operar de algum modo coordenado para educar intelectuais dispostos a desempenhar um papel central na grande luta pela democracia e pela justiça social. Na verdade, a linguagem da crítica que informa esse tipo de discurso é excessivamente pessimista e tende a permanecer presa à lógica da reprodução social. Ou seja, essa linguagem não dá conta de apreender e reconhecer o conceito de contra-hegemonia como um momento da luta coletiva, porque as sugestões programáticas que emergem desse discurso: estão basicamente confinadas às limitações das teorias da resistência predominantes. Vale a pena esclarecer as distinções entre essas duas categorias.

Redefinindo a educação do professor

O termo "contra-hegemonia" (Adamson, 1980), confrontado com o termo "resistência", é um termo que em nossa opinião exprime melhor o projeto político que definimos como a criação de esferas públicas alternativas. O termo "resistência", da forma como costuma ser usado na literatura educacional, refere-se a uma espécie de "abismo" autônomo entre as forças de dominação, inelutáveis e difusas, e a condição de ser dominado. Além disso, esse termo foi definido como um "espaço" pessoal no qual a força e a lógica da dominação são contestadas pelo poder, da ação subjetiva, de subverter o processo de socialização. Considerada dessa forma, a resistência funciona como um tipo de negação ou afirmação colocada diante de discursos e práticas dominantes. Evidentemente, a resistência costuma carecer de um projeto político explícito e frequentemente reflete práticas sociais de natureza informal, desorganizada, apolítica e ateórica. Em alguns casos, pode resumir-se a uma irrefletida e derrotista recusa a aceitar diferentes formas de dominação; em outros, pode ser vista como uma rejeição cínica, arrogante e até ingênua a formas opressivas de regulação moral e política.

O conceito de contra-hegemonia, por outro lado, implica um entendimento mais político, mais teórico e mais crítico, não só da natureza da dominação, mas também do tipo de oposição ativa que deveria engendrar. Um aspecto ainda mais importante: o conceito de contra-hegemonia não apenas reforça a lógica da crítica, mas também trata da criação de novas relações sociais e novos espaços públicos que corporifiquem formas alternativas de experiência e luta. Como domínio refletido de ação política, a contra-hegemonia desvia o espírito combativo do terreno da crítica para o terreno coletivamente constituído da contraesfera pública.

Fizemos questão de elucidar essa distinção por acreditarmos que ela é reveladora do quanto os programas de formação de professores estiveram e continuam a estar distanciados de uma visão e um conjunto de práticas que levem a sério a luta pela democracia e pela justiça social. Parte do problema advém da falta de uma teoria social adequada, que possa oferecer a base para se repensar a natureza política do trabalho do professor e o papel dos programas de formação.

Conforme já dissemos, muitos dos problemas atualmente associados à formação de professores indicam a falta de ênfase, no currículo dessa formação, na análise da questão do poder e de sua distribuição hierárquica, bem como no estudo da teoria social crítica. Fortemente influenciada pela psicologia comportamental e cognitiva predominante, a teoria da educação tem sido formulada em torno de um discurso e de um conjunto de práticas que enfatizam os aspectos imediatos, mensuráveis e metodológicos da aprendizagem. Essa perspectiva exclui questões relativas à natureza do poder, da ideologia e da cultura e à forma como estas funcionam para gerar noções específicas do social e para produzir determinados tipos de experiência do estudante (Henriques et al., 1984). O interesse renovado na teoria social, embora tenha desempenhado um importante papel na reconstituição da teoria educacional radical, não conseguiu fazer incursões sérias nos programas de formação de professores. Essa falta de atenção à teoria social crítica tem privado os futuros professores de uma estrutura teórica que lhes permita valorizar, compreender e avaliar os significados que seus alunos constroem socialmente sobre si próprios e sobre a escola, com isso restringindo a possibilidade de lhes dar os meios para o autoconhecimento e o fortalecimento do poder. Para muitos futuros professores que se veem lecionando para alunos da classe operária ou integrantes de minorias, a falta de uma estrutura bem articulada para o entendimento das dimensões de classe, cultura, ideologia e gênero, presentes na prática pedagógica, favorece a formação de uma alienada postura defensiva e de uma couraça pessoal e pedagógica que frequentemente se traduz na distância cultural entre "nós" e "eles".

Teoria social e formação de professores

Com o passar dos anos, os teóricos educacionais de Esquerda foram ampliando o nosso entendimento da escolarização, definindo-a como um empreendimento essencialmente político, uma forma de reproduzir ou privilegiar determinados discursos, assim como o conhecimento e o poder a eles inerentes, excluindo desse modo outros sistemas teóricos ou significantes. Em consequência desse esforço, muitos educadores conseguiram reconhecer na escolarização uma prática não só determinada, mas também determinante. O núcleo conceitual das análises empreendidas por estudos acadêmicos radicais na última década foi fortemente influenciado pela redescoberta de Marx, tendo envolvido o desvendar da relação entre a escolarização e a esfera econômica da produção capitalista. Vemos com certa simpatia essa posição, sobretudo a tese de Ernest Mandel (1975), de que as nações industriais começam agora a ingressar em uma espécie de capitalismo corporativo, em que o capital se alastra desmesuradamente por áreas até então intocadas. Também concordamos com a noção de que ficou mais difícil desvendar e enfrentar criticamente as formas de poder e controle, porque hoje elas já estão impregnadas em quase todos os aspectos das dimensões públicas e privadas da vida cotidiana (Brenkman, 1979). Mas, ainda assim, acreditamos que essa posição não conseguiu fugir do reducionismo econômico que ela tão prodigiosamente tenta superar. Além do mais, tal reducionismo, em suas formas mais sofisticadas, está evidente no contínuo trabalho de alguns teóricos educacionais de Esquerda que, enfatizando exageradamente a relação entre as escolas e a esfera econômica, sacrificam o questionamento do papel determinado de signos, símbolos, rituais e formações culturais no processo de nomear e construir a subjetividade e a voz do aluno (McLaren, 1986). Nossa posição decorre da observação de que o capitalismo estatal não é regulado apenas por restrições de ordem econômica, e de que a intervenção do Estado no processo econômico acabou resultando no aparecimento de novos discursos simbólicos e culturais que originam e apoiam importantes áreas da vida social moderna. Isso está particularmente evidente na maneira como o Estado controla a forma e o conteúdo dos programas de formação, por meio da exigência legal de certificados para os futuros professores. Desse modo, não é possível responder questões relativas ao processo pelo qual os alunos geram significados e criam suas próprias histórias culturais recorrendo exclusivamente a discussões sobre classe social e determinismo econômico; é preciso, sim, começar a abordar os modos pelos quais cultura e experiência interagem para formar aspectos poderosamente determinantes de ação humana e de luta.

O crescente interesse na esfera cultural como mediadora e produtora de subjetividades e discursos já está deixando sua marca no projeto teórico da pedagogia crítica na América do Norte. Em anos recentes, educadores radicais tentaram, com variados graus de sucesso, incorporar ao seu trabalho conceitos-chave formulados por filósofos e teóricos sociais da Europa continental. Pouco a pouco, teóricos como Derrida, Saussure, Foucault, Barthes, Lacan, Gadamer e Habermas vão abrindo caminho em revistas especializadas em educação, já tendo, por efeito cumulativo, organizado uma grande ofensiva contra formas dominantes de teorização e prática educacional. Extrapolando o projeto desconstrucionista de Derrida, o combate hermenêutico de Gadamer e Ricoeur, a reconstituição psicanalítica do sujeito de Lacan, a anarquia textual de Barthes e a noção de poder e investigação histórica de Foucault, os educadores críticos estão começando a elaborar um novo vocabulário teórico. Já não é raro hoje encontrar tentativas de "desconstruir" o currículo, de ler o "texto" da instrução de sala de aula, de elucidar as "formações discursivas" embutidas na pesquisa educacional (Cherryholmes, 1983, p. 341-358; Alvarado e Ferguson, 1983, p. 20-34; Wexler, 1982, p. 275-303).

Alguns educadores usaram tais avanços da teoria social para ajudar a desinvestir o pensamento convencional sobre a escolarização de sua condição de discurso objetivo e cientificamente fundamentado. Boa parte desse trabalho questiona a visão ideológica do aluno como autor e criador de seu próprio destino, descrevendo como a sua subjetividade está inscrita e posicionada em diferentes "textos" pedagógicos. Esse trabalho constitui na verdade uma linguagem crítica que permite examinar o comportamento oposicionista, problematizar a contestação política e examinar criticamente o "significado vivenciado". Boa parte dessa nova teorização social pode revelar-se útil para o entendimento de como os alunos formam suas interpretações do "eu" e da escola por meio da política da voz e da representação do estudante. Entender a voz do estudante é lidar com a necessidade humana de dar vida ao reino dos símbolos, linguagem e gestos. A voz do estudante é um desejo, nascido da biografia pessoal e da história sedimentada; é a necessidade de construir-se e afirmar-se em uma linguagem capaz de reconstruir a vida privada e conferir-lhe um significado, assim como de legitimar e confirmar a própria existência no mundo. Logo, calar a voz de um aluno é destituí-lo de poder.

No plano mais genérico, novos avanços na teoria social desviaram o foco ideológico da lógica economicista da tradição marxista para as mutuamente determinantes categorias de cultura, ideologia e subjetividade. A subjetividade e a experiência vivida do aluno passaram a ser interrogadas como práticas sociais e formações culturais que incorporam mais do que simplesmente a dominação de classes e a lógica do capital. Por outro lado, essas novas abordagens teóricas já podem ser utilizadas para desvendar as complexas relações entre as produções econômicas, culturais e ideológicas.

Mas há importantes precauções a serem tomadas por uma pedagogia radical, antes de começar a tecer esses novos fios de teoria social que formarão um discurso programático destinado a informar uma visão mais crítica da educação do professor. Em vez de endossar incondicionalmente esses movimentos, como fizeram alguns educadores, a atual tarefa da pedagogia radical deveria ser a de assimilar de forma crítica e seletiva os conceitos-chave da teoria do discurso, da teoria da recepção, do pós-estruturalismo, da hermenêutica desconstrucionista e de diversas outras novas linhas de investigação, sem cair na armadilha de sua linguagem frequentemente impenetrável, de seu jargão hermético e seus impasses teóricos. Uma pedagogia radical deve aproveitar o potencial crítico desses movimentos, mas deve ao mesmo tempo pressioná-los para que expliquem suas subcorrentes frequentemente apolíticas, a-históricas e exageradamente estruturalistas. Em outras palavras, os educadores radicais devem continuar a buscar, dentro da revolução semiótica, uma linguagem crítica que possibilite o aproveitamento de relevantes avanços teóricos com o propósito de criar um currículo emancipatório para a formação do professor. Mas devem perseguir esse rumo sem se perder em debates marginais acerca de questões secundárias ao projeto político de proporcionar fortalecimento do poder individual e social àqueles alunos mais subordinados pelo sistema. Donde se conclui que a pedagogia crítica também só poderá efetivamente funcionar se se propuser a tornar a desesperança menos aceitável, acenando com a promessa de uma aquisição progressiva de conhecimentos que resultem na emancipação de grupos subordinados, por meio de uma transformação de relações assimétricas de poder.

Louvamos o surgimento de teorias pós-estruturalistas e semióticas por terem provocado uma interação e uma reestruturação de ideias e teorias que até agora só eram marginal ou precariamente correlacionadas e reconhecidas. Além do mais, esses desenvolvimentos teóricos foram importantes por criarem um movimento intelectual fundamentalmente interessado na produção e representação de significados no âmbito de formações culturais contemporâneas. Mas, ainda assim, devemos insistir que, quaisquer que sejam os novos desenvolvimentos que venham a ser gerados por esses discursos, é preciso que eles continuem a tratar dos problemas centrais de poder e política, particularmente da forma como são expressos na dominação e subordinação de grupos de pessoas na sociedade. Dado o desenvolvimento dessas novas trajetórias teóricas dentro da pedagogia radical, é essencial compreender que o poder necessário à transformação da ordem social não pode ser gerado pelo mero exercício de determinado discurso ou síntese de discursos. A reforma como possibilidade prática não existe *fora* da dinâmica vivida dos movimentos sociais. O discurso sozinho é incapaz de provocar mudança social. É tendo em conta esse entendimento que os programas de formação de professores podem se comprometer intransigentemente com questões de emancipação e transformação, questões essas que combinam conhecimento e crítica, de um lado, e um apelo para a transformação da realidade em benefício de comunidades democráticas, de outro.

Política cultural e o currículo do professor

Um currículo para formação de professores, para ser uma forma de política cultural, deve enfatizar a importância de tornar o social, o cultural, o político e o econômico os principais aspectos de análise e avaliação da escolarização contemporânea (Giroux e Simon, 1984, p. 226-238). Nesse contexto, a vida escolar deve ser conceituada não como um sistema unitário, monolítico e inflexível de regras e relações, mas como uma arena fortificada em que sobejam contestações, luta e resistência. Além disso, a vida escolar pode ser vista como uma pluralidade de discursos e lutas conflitantes, como um terreno móvel em que a cultura-de-sala-de-aula se choca com a cultura-de-esquina, e no qual professores, alunos e diretores ratificam, negociam e por vezes rejeitam a forma como as experiências e práticas escolares são nomeadas e concretizadas. No contexto de um currículo como forma de política cultural, a meta primordial da educação é criar condições para o fortalecimento do poder individual e a autoformação dos alunos como sujeitos políticos.

O projeto de "fazer" um currículo como forma de política cultural para integrar um programa de formação de professores consiste em unir a teoria social radical a um conjunto de práticas estipuladas que permitam aos futuros professores desvendar e interrogar os discursos educacionais preferenciais, muitos dos quais foram inteiramente dominados por uma racionalidade instrumental hegemônica que limita ou ignora os imperativos de uma democracia crítica. Mas nossa preocupação aqui não é simplesmente forjar uma linguagem da crítica, capaz de investigar os interesses e ideologias latentes que operam para construir subjetividades compatíveis com a lógica da sociedade dominante. Estamos mais preocupados em atrelar essa linguagem da crítica a uma linguagem da possibilidade, a fim de desenvolver práticas alternativas de ensino capazes de desmontar a sintaxe da lógica da dominação, tanto dentro quanto fora das escolas. Em sentido mais amplo, conforme já mencionamos no início deste ensaio, estamos comprometidos com a formulação de uma linguagem que possa contribuir para examinar o espaço da educação do professor como uma nova esfera pública, uma esfera que busque resgatar a ideia de democracia crítica como movimento social que defende o respeito à liberdade individual e à justiça social. Na verdade, desejamos remodelar a educação do professor enfocando-a como um projeto político, como uma forma de política cultural que defina os futuros docentes como intelectuais responsáveis pela criação de espaços públicos onde os alunos possam debater, assimilar e adquirir o conhecimento e as habilidades necessárias à luta rumo à concretização de um mundo mais justo e humano.

Pensamos que reconceber a educação para o magistério por essa ótica é uma forma de revogar a prática retrógrada das burocracias educacionais, de definir os professores basicamente como técnicos, ou seja, como funcionários pedagógicos incapazes de tomar decisões importantes no que se refere a diretrizes ou currículos, como por exemplo adaptar programas oficiais aos contextos, contingências e particularidades de suas próprias salas de aula. O escárnio e o desdém com que os burocratas profissionais veem aqueles professores que exigem e exercem o direito de unir o conceitual ao prático, no esforço de adquirir um pouco de controle sobre o seu trabalho, continuam a infestar o discurso do empreendimento educacional contemporâneo. A mitificação do intelectual como teórico-de-torre-de-marfim, distante das dificuldades e preocupações mundanas da vida cotidiana, que tanto diretores de escolas quanto o público costumam cultivar, é um sério obstáculo político que os educadores radicais precisam vir a entender, como primeiro passo para a sua superação.

Um currículo como uma forma de política cultural encerra a crença de que os professores podem ter uma atuação pedagógica como intelectuais. É nessa questão que nos concentraremos a partir de agora. A busca de uma pedagogia radical para a formação de professores envolve, como principal tarefa, a criação de modelos teóricos que forneçam um discurso crítico para analisar as escolas como foros de contestação construídos socialmente e diretamente envolvidos na produção de experiências vividas. É inerente a esta abordagem uma problemática caracterizada pela necessidade de elucidar de que forma a prática pedagógica representa determinada política da experiência ou, em termos mais precisos, um campo cultural em que conhecimento, discurso e poder interagem de modo a produzir, historicamente, práticas de regulação moral e social específicas. Essa nova ênfase dentro da teoria educacional apresenta uma ampla gama de questões político-culturais importantíssimas para o papel futuro da escolarização e da democracia.

Além do mais, essa problemática aponta para a necessidade de se questionar como são produzidas, contestadas e legitimadas as experiências humanas dentro da dinâmica do dia a dia da sala de aula. A importância teórica deste tipo de questionamento nos programas de formação está diretamente ligada à necessidade de iniciar os professores na formulação de um discurso que permita o desenvolvimento de uma abrangente política da cultura, da voz e da experiência. A questão aqui é reconhecer que as escolas são instituições históricas e culturais que sempre incorporam interesses ideológicos e políticos. Não raro, a forma como atribuem significados à realidade é fortemente contestada por diferentes indivíduos e grupos. Nesse sentido, as escolas são terrenos ideológicos e políticos a partir dos quais a cultura dominante "fabrica" suas "certezas" hegemônicas; mas são também lugares onde grupos dominantes e subordinados se definem e se reprimem mutuamente em uma batalha e um intercâmbio incessantes, em resposta às condições sócio-históricas "propagadas" nas práticas institucionais, textuais e vivenciais que caracterizam a cultura escolar e a experiência professor/aluno dentro de determinados tempo, espaço e local. Em outras palavras, as escolas podem ser tudo, menos ideologicamente inocentes; tampouco são meras reprodutoras de relações e interesses sociais dominantes. Ao mesmo tempo, conforme já mencionamos, as escolas não exercem formas de regulação política e moral diretamente relacionadas a tecnologias de poder, que "produzem assimetrias nas capacidades de indivíduos e grupos de definir e compreender suas próprias necessidades" (Johnson, 1983, p. 11). Mais especificamente, o que elas fazem é estabelecer as condições para que alguns indivíduos e grupos definam os termos segundo os quais todos os demais viverão o processo de participar na construção de suas próprias identidades e subjetividades, aceitando-o ou resistindo.

Como territórios de contestação e produção cultural, as escolas incorporam representações e práticas que tanto estimulam quanto inibem o exercício da ação humana no meio dos estudantes. Isso fica mais claro ao se reconhecer que um dos fatores mais importantes na construção da experiência e da subjetividade nas escolas é a linguagem. Nesse caso, a linguagem interage com o poder, da maneira como determinadas formas linguísticas estruturam e legitimam as ideologias de grupos específicos. Intimamente relacionada ao poder, a linguagem não apenas posiciona professores e alunos, mas também funciona como veículo por meio do qual eles definem, mediatizam e compreendem suas relações uns com os outros e com a sociedade mais ampla.

Com essas noções teóricas em mente, queremos argumentar em termos mais específicos a favor do desenvolvimento, dentro das instituições de educação para o magistério, de um currículo que encerre uma forma de política cultural. Na verdade, queremos defender a construção de uma pedagogia de política cultural em torno de uma linguagem criticamente afirmativa que permita aos futuros professores entender como se produzem subjetividades no âmbito das formas sociais em que as pessoas se movimentam, mas das quais em geral só têm consciência parcial. Tal pedagogia problematiza o modo como professores e alunos apoiam aquelas linguagens, aqueles processos socioideológicos e aqueles mitos que os posicionam no âmbito de relações vigentes de poder e dependência, ou resistem ou se acomodam aos mesmos. Além disso, aponta para a necessidade de os professores, tanto aqueles em formação quanto os já praticantes, perceberem o discurso como uma forma de produção cultural que serve para organizar e legitimar modos específicos de nomear, organizar e experienciar a realidade social.

Nessa visão, o conceito de experiência está ligado à questão mais ampla de como as subjetividades se inscrevem nos processos discursivos que se desenvolvem em função da dinâmica de produção, transformação e luta. Entendida nesses termos, uma pedagogia de política cultural propõe aos futuros professores uma dupla tarefa. Em primeiro lugar, eles precisam analisar de que maneira a produção cultural se organiza no âmbito de relações assimétricas de poder nas escolas (por exemplo, textos didáticos, currículos, enquadramento em determinadas atividades (*tracking*), políticas e práticas pedagógicas). Em segundo lugar, é preciso que eles desenvolvam estratégias políticas para participação nas lutas sociais destinadas a reivindicar a transformação das escolas em esferas públicas democráticas.

Para que essas tarefas possam ser realizadas, é necessário avaliar os limites políticos e as potencialidades pedagógicas das diferentes porém correlatas instâncias de produção cultural que constituem os diversos processos de escolarização. Vale notar que estamos chamando esses processos sociais de instâncias de produção cultural, e não de reprodução social, que é um conceito mais conhecido. O conceito de reprodução social, embora aponte adequadamente para as várias ideologias e interesses políticos e econômicos que são reconstituídos no âmbito das relações educacionais, carece de uma visão teórica abrangente de como tais interesses são mediatizados, trabalhados e subjetivamente produzidos, independentemente dos diferentes interesses que acabem surgindo no final.

Pedagogia radical e o discurso da vida cotidiana

Para que uma pedagogia crítica seja desenvolvida como forma de política cultural dentro de faculdades ou escolas de educação, é imperioso que se criem métodos de análise que não partam do pressuposto de que as experiências vividas podem ser automaticamente inferidas a partir de determinações estruturais. Em outras palavras, a complexidade do comportamento humano não pode ser reduzida à mera identificação de fatores determinantes, sejam eles modos de produção de natureza econômica ou sistemas de significação textual, a partir dos quais tal comportamento é modelado e em oposição aos quais ele se desenvolve. O modo pelo qual indivíduos e grupos mediatizam as formas culturais apresentadas por tais forças estruturais e ao mesmo tempo nelas se situam é em si mesmo uma forma de produção, e precisa ser interrogada por métodos de análise conexos, porém diferentes entre si. Para desenvolver esse ponto, discorreremos brevemente sobre a natureza e as implicações pedagógicas daquilo a que chamamos o discurso da vida cotidiana.

Fundamental para essa visão é a necessidade de desenvolver uma análise de produção cultural que enfoque aquilo que denominamos teoria da autoprodução. No sentido mais genérico, essa teoria requereria uma compreensão do processo pelo qual professores e alunos atribuem sentido às suas vidas através das complexas formas históricas, culturais e políticas que eles não apenas incorporam, mas também produzem. É preciso elucidar uma série de questões em torno dessa preocupação, no âmbito de uma pedagogia crítica para a formação do professor. Em primeiro lugar, é necessário reconhecer as formas subjetivas da vontade política e da luta que dão sentido às vidas dos alunos. Em segundo lugar, o discurso das culturas vividas, enquanto modalidade de crítica, deveria interrogar as formas pelas quais as pessoas criam histórias, memórias e narrativas que pressupõem um senso de determinação e intervenção. Essa é a "substância" cultural da mediação, o material consciente e inconsciente por meio do qual alunos de grupos dominantes e subordinados oferecem a seus pares e a seus professores relatos de quem são e apresentam suas diferentes leituras do mundo. Também faz parte daquelas ideologias e práticas que nos permitem entender as situações sociais, as histórias e os interesses subjetivos específicos, bem como os mundos particulares que entram em cena em qualquer prática pedagógica de sala de aula.

Se os educadores radicais tratarem as histórias, experiências e linguagens de diferentes grupos culturais como formas particularizadas de produção, terão menos dificuldade de entender as diferentes leituras, respostas e comportamentos que os alunos exibem, por exemplo, ao analisar determinado texto apresentado em classe. De fato, uma política cultural requer o desenvolvimento de uma pedagogia atenta às histórias, aos sonhos e às experiências que tais alunos trazem para as escolas. É somente começando por essas formas subjetivas que os educadores críticos poderão desenvolver uma linguagem e um conjunto de práticas que confirmem, acolham e desafiem formas contraditórias de capital cultural.

Descobrir e iluminar os elementos de autoprodução não é simplesmente uma técnica pedagógica para confirmar as experiências daqueles alunos frequentemente silenciados pela cultura escolar dominante. Como discurso interrogativo, procura também desvendar os meios pelos quais as relações de poder e as desigualdades sociais privilegiam e restringem os alunos no âmbito de configurações de classe, etnia e gênero. O discurso do cotidiano torna-se uma valiosa forma de crítica para os futuros professores, uma vez que esclarece como o poder e o saber interagem para desvalorizar o capital cultural de grupos subordinados. Esse discurso também é útil para o desenvolvimento de uma linguagem da possibilidade, dessa forma criando uma pedagogia radical capaz, em última análise, de envolver o discurso do cotidiano por meio da dinâmica da confirmação, do questionamento e da esperança. O conhecimento do "outro", nesse caso, é destacado não apenas para que sua presença seja celebrada, mas também para que se faça a necessária interrogação crítica das ideologias que contém, dos meios de representação que utiliza e das práticas sociais subjacentes que confirma. Importante aqui é associar conhecimento e poder em um plano teórico, para dar aos alunos a oportunidade de entender de forma mais crítica quem eles são no contexto de uma formação social mais ampla, bem como para ajudá-los a assimilar criticamente aquelas formas de conhecimento que tradicionalmente lhes têm sido negadas.

O discurso da vida cotidiana também aponta para a necessidade de os educadores radicais verem as escolas como esferas culturais e políticas ativamente engajadas na produção da voz e na luta pela voz. Em muitos casos, as escolas não permitem que os estudantes de grupos subordinados atribuam autenticidade a seus problemas e experiências vividas por meio de suas próprias vozes individuais e coletivas. A cultura escolar dominante geralmente representa e legitima as vozes privilegiadas dos brancos das classes média e alta. Para desmistificar a cultura dominante e transformá-la em objeto de análise política, os educadores radicais necessitarão aprender e dominar o que chamamos de linguagem do entendimento crítico. Ou seja, se quiserem efetivamente entender e contestar a ideologia dominante que age nas escolas, terão de interrogar e apoiar criticamente as vozes oriundas de três diferentes esferas e cenários ideológicos. São elas: a voz da escola, a voz do aluno e a voz do professor. Cada uma dessas vozes aponta para conjuntos de práticas que se influenciam mutuamente e cooperam para produzir experiências pedagógicas específicas no âmbito de diferentes configurações de poder. Os interesses frequentemente representados por essas três vozes distintas têm de ser analisados menos como em oposição (no sentido de operarem para contrariar-se e desqualificar-se mutuamente) e mais como correspondendo a uma interação de práticas dominantes e subordinadas que exercem influências recíprocas, em uma contínua luta em torno do poder, do significado e da autoria. Isso, por sua vez, pressupõe a necessidade de se analisar as escolas em suas particularidades históricas e relacionais, ao mesmo tempo em que aponta para a possibilidade de uma intervenção educacional radical. Para entender e interrogar os múltiplos e variados significados que compõem os discursos da voz do estudante, os educadores radicais precisam valorizar e absorver criticamente, no sentido bakhtiniano, as linguagens polifônicas que os seus alunos trazem para as escolas; ou seja, esses educadores precisam aprender "o conjunto de práticas comunicativas associadas a determinados usos de formas tanto escritas quanto faladas adotadas por determinados grupos sociais" (Sola e Bennet, 1985, p. 89). Além disso, para compreender adequadamente essas linguagens, há que ultrapassar os limites da vida escolar e considerar as relações sociais e comunitárias mais abrangentes, que lhe dão sentido e dignidade.

A voz do professor reflete os valores, as ideologias e os princípios estruturais que dão sentido às histórias, à cultura e às subjetividades que definem o trabalho do dia a dia dos educadores. É a voz do senso comum e do senso crítico que os professores usam para mediatizar as relações assimétricas de poder que dão estruturas diferenciais às contraesferas públicas, como por exemplo as escolas. Na verdade, é por meio da mediação e da ação da voz docente que a própria natureza do processo de escolarização costuma ser apoiada ou desafiada; em outras palavras, o poder da voz discente de moldar a escolarização em conformidade com a lógica de interesses emancipatórios está indissoluvelmente associado não apenas a um elevado grau de autocompreensão, mas também à possibilidade de união dos educadores radicais em torno de uma voz coletiva como parte de um movimento social dedicado à reestruturação das condições ideológicas e materiais que operam tanto dentro como fora da escolarização. Assim, a categoria voz docente precisa ser entendida e questionada no que se refere aos seus próprios valores e ao seu projeto político, assim como no que se refere aos seus modos de mediação das vozes discentes.

Em termos mais genéricos, a linguagem do entendimento crítico não só representa um reconhecimento dos processos políticos e pedagógicos que influem na construção de formas de autorias e vozes no âmbito de diferentes esferas institucionais e sociais, mas também constitui um ataque crítico à ordenação vertical da realidade inerente às práticas injustas que operam ativamente na sociedade mais ampla. Para retomar alguns dos problemas que esboçamos nas páginas anteriores, acreditamos que as escolas precisam ser reconcebidas e reinstituídas como contraesferas públicas, não aliadas aos interesses corporativistas do Estado burguês, em que os alunos possam aprender as habilidades e o conhecimento que os habilitem a viver em uma verdadeira democracia e a lutar por ela. Dessa forma, as escolas terão de ser caracterizadas por uma pedagogia que se comprometa seriamente a acolher visões e problemas que sejam de profundo interesse para os alunos em suas vidas cotidianas. Igualmente importante é a necessidade de as escolas cultivarem um espírito de crítica e um respeito pela dignidade humana capazes de associar as questões pessoais e sociais ao projeto pedagógico de ajudar os alunos a se tornarem cidadãos críticos e atuantes.

O desenvolvimento de uma pedagogia crítica para a emancipação de futuras gerações de alunos e professores requer que as escolas de educação repensem seus programas e suas práticas em torno da ideia do ensino como forma de política cultural. Reconhecemos, entretanto, que o projeto que estamos descrevendo é um processo contínuo. É necessário que os futuros professores tenham mais tempo em classe — mais do que geralmente se oferece em um ou dois anos de treinamento pedagógico — para explorar as ligações teóricas que temos sugerido entre educação, subjetividade, voz, autoria e poder. É também necessário que eles sejam prolongadamente expostos a uma radical reorganização dos estabelecimentos de educação dos professores em torno dos conceitos de história, linguagem, cultura e poder (Giroux e McLaren, 1986). Evidentemente, uma pauta radical para uma reforma escolar tem de ter um ponto de partida, e pequenos círculos de professores trabalhando isoladamente em suas respectivas escolas será muito pouco para criar as condições necessárias à transformação das escolas em contraesferas públicas. As condições para democratizar as escolas com vistas a fortalecer o poder de professores e alunos devem surgir nas escolas e nas faculdades de educação, por meio de uma reformulação dos programas de formação do modo como sugerimos. Igualmente importante para uma reforma radical é a necessidade de os docentes compreenderem que contraesferas públicas não se criam exclusivamente no âmbito de instituições de formação de professores ou de salas de aula de escolas; é preciso que elas se espalhem, acabando por atuar em conjunto com outras comunidades de resistência, em um duplo esforço por uma reforma social e educacional.

O projeto que descrevemos enfoca o papel que os programas e instituições de formação de professores poderiam desempenhar na ampliação do discurso da democracia. Mas tal projeto transcende enormemente essas instituições e revela a necessidade de mudanças estruturais e movimentos sociais mais amplos. Em resumo, reformas mais amplas requerem não somente que os professores se engajem em novos movimentos sociais, mas que os programas que os formam redefinam as razões e a maneira pelas quais eles atuam na sociedade.

Concluiremos argumentando que, se quisermos evitar que a democracia seja marginalizada da vida pública, que se distancie mais e mais do cotidiano das comunidades e das salas de aula, e que acabe por sucumbir, dando origem a uma nova forma de barbárie, os educadores terão de lutar arduamente para transformar as, escolas em contra-esferas públicas que permitam derrotar o desalento e viabilizar a esperança.

Referências bibliográficas

ADAMSON, Walter. *Hegemony and pevolution*: a study of Antonio Gramsci's political and cultural theory. Berkeley: University of California Press, 1980.

ADORNO, Theodor; HORKHEIMER, Max. *The dialectic of enlightenment*. Trad. John Cummíng. New York: Seabury Press, 1972.

ALVARADO, Manuel; FERGUSON, Bob. The curriculum, media and discursivity. *Screen*, v. 24, n. 3, p. 20-34, 1983.

ARONOWÍTZ, Stanley; GIROUX, Henry. *Education under siege.* South Hadley: Bergin and Garvey Press, 1985.

BENJAMIN, Walter. *Illuminations.* ARENDT, Hannah (Ed.). New York: Schocken, 1969.

BRENKMAN, John. Mass media: from collective experience to the culture of privatization. *Social Text*, v. 1, p. 94-109, inverno, 1979.

CHERRYHOLMES, Cleo. Knowledge, power and discourse in social studies education. *Boston University Journal of Education*, v. 165, n. 4, p. 341-358, 1983.

DEWEY, John. *The public and its problems.* New York: Henry Holt and Company, 1927.

GIROUX, Henry. *Theory and resistance in education.* South Hadley: Bergin and Garvey Press, 1983.

______; SIMON, Roger. Curriculum study as cultural politics. *Boston University Journal of Education*, v. 166, n. 3, p. 226-238, 1984.

______; McLAREN, Peter. Teacher education and the politics of engagement: the case for democratic schooling. *Harvard Educational Review*, v. 56, n. 3, p. 213-238, 1986.

GOODMAN, Jesse. Reflections on teacher education: a case study and theoretical analysis. *Interchange*, v. 15, n. 3, p. 7-26, 1984.

GRAMSCI, A. *Selections from prison notebooks.* Ed. e trad. Quinten Hoare e Geoffrey Smith. New York: International Publishers, 1971.

HABERMAS, J. *Strukturwandel der Öffentlichkeit.* Neuwied: Luchterhand, 1962.

HORKHEIMER, Max. *Eclipse of reason*. New York: Seabury Press, 1974.

HENRIQUES, Julian; HOLLWAY, Wendy; URWIN, Cathy; VENN, Couze; WALKERDINE, Valerir. *Changing the subject*. London: Methuen, 1984.

JOHNSON, Richard. What is cultural studies anyway? *Anglistica*, v. 26, n. 1-2, p. 1-75, 1983.

LACLAU, Ernesto; MOUFFE, Chantal. *Hegemony and socialist strategy*. London: Verso Books, 1985.

LOTHSTEIN, Arthur. Salving from the dross: John Dewey's anarcho-communalism. *The Plailosophical Forum*, v. 10, n. 1, p. 55-111, 1978.

MANDEL, Ernest. *Late capitalism*. London: New Left Books, 1975.

MAREUSE, Herbert. *One dimensional man*. Boston: Beacon Press, 1964.

McLAREN, Peter. *Schooling as a ritual performance*: towards a political economy of educational symbols and gestures. London: Routledge & Kegan Paul, 1986.

______. Postmodernity and the death of politics: a Brazilian reprieve. *Educational Theory*, v. 36, n. 4, p. 389-401, 1986.

MILLS, C. W. *Power, politics and people*: the collected essays of C. W. Mills. HOROWITZ, Louis (Ed.). London: Oxford University Press, 1979.

SIMON, Roger. Work experience as the production of subjectivity. In: LIVINGSTONE, David (Ed.). *Critical pedagogy and cultural power*. South Hadley: Bergin and Garvey Press.

SOLA, Michelle; ADRIAN BENNETT, Adrian. The struggle for voice: narrative, literacy and consciousness in an East Harlem

School. *Boston University Journal of Education*, v. 167, n. 1, p. 8-110, 1985.

WEXLER, Philip. Structure, text, and subject: a critical sociology of school knowledge. In: APPLE, Michael (Ed.). *Cultural and economic reproduction in education*. Boston/London? Routledge & Kegan Paul, 1982.

LEIA TAMBÉM

CURRÍCULO NA CONTEMPORANEIDADE: incertezas e desafios

Regina Leite Garcia
Antonio Flavio Barbosa Moreira
(Orgs.)

3ª edição (2008)

320 páginas

ISBN 978-85-249-0973-3

Este livro se insere numa perspectiva contra-hegemônica de uma globalização solidária. Aqui está o que pensam e fazem intelectuais inconformados com a discriminação e a exclusão, discorrendo desde a Argentina, África do Sul, Portugal, Inglaterra, Estados Unidos etc.